買い物に役立つ！
持ち歩けるカラーチップ　　　〔 スプリング 〕 Spring

>> イエローベースのベシックカラー

※点線に沿って切り、1枚ずつパンチで穴
を開け、リングホルダーに通すと、自分だ
けのカラーチップのできあがり！

Spring [スプリング]

買い物に役立つ！
持ち歩けるカラーチップ

> イエローベースのベシックカラー

※点線に沿って切り、1枚ずつパンチで穴を開け、リングホルダーに通すと、自分だけのカラーチップのできあがり！

買い物に役立つ！
持ち歩けるカラーチップ　　〔 サマー 〕 Summer

>> ブルーベースのベシックカラー

※点線に沿って切り、1枚ずつパンチで穴を開け、リングホルダーに通すと、自分だけのカラーチップのできあがり！

Summer 〔サマー〕

買い物に役立つ！
持ち歩けるカラーチップ

>> ブルーベースのベーシックカラー

※点線に沿って切り、1枚ずつパンチで穴を開け、リングホルダーに通すと、自分だけのカラーチップのできあがり！

買い物に役立つ！
持ち歩けるカラーチップ　　〔 オータム 〕 # Autumn

>> イエローベースのベシックカラー

※点線に沿って切り、1枚ずつパンチで穴を開け、リングホルダーに通すと、自分だけのカラーチップのできあがり！

Autumn 〔オータム〕

買い物に役立つ！
持ち歩けるカラーチップ

>> イエローベースのベシックカラー

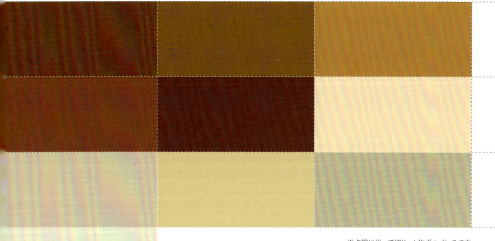

※点線に沿って切り、1枚ずつパンチで穴を開け、リングホルダーに通すと、自分だけのカラーチップのできあがり！

買い物に役立つ！
持ち歩けるカラーチップ

[ウインター] Winter

>> ブルーベースのベシックカラー

※点線に沿って切り、1枚ずつパンチで穴を開け、リングホルダーに通すと、自分だけのカラーチップのできあがり！

「パーソナルカラー診断」用シート

Summer [サマー]

「パーソナルカラー診断」用シート

Autumn【オータム】

「パーソナルカラー診断」用シート

Winter
【ウインター】

「パーソナルカラー診断」用シート

Spring
【スプリング】

「パーソナルカラー診断」用シート

Summer〔サマー〕

「パーソナルカラー診断」用シート

Autumn
〔オータム〕

「パーソナルカラー診断」用シート

Winter
【ウインター】

骨格診断 × パーソナルカラー

「ぜんぶユニクロ！」で垢抜ける、着こなしのルール

一般社団法人骨格診断
ファッションアナリスト認定協会
代表理事
二神弓子

服は「ぜんぶユニクロ！」
こんなに素敵なのは「骨格」と「パーソナルカラー」に合っているから──

モデルは
ウェーブ×スプリングタイプ

自分の骨格や肌の色に合った洋服の選び方がわかれば、多くの服を買わなくても、難しいコーディネートをしなくても、素敵に、そしておしゃれに見せてくれるのです。

骨格タイプに合った素材や配色でグッと垢抜ける

柔らかな素材の洋服とグラデーション配色が得意な、骨格診断「ウェーブ」タイプ。

「ダブルフェイスフーデットコート」ベージュ・「エクストラファインメリノボクシーボートネックセーター」ホワイト・「クレーププリーツスカート」ホワイト／ユニクロ　ピアス¥3,000（アビステ）　バッグ¥14,000（ダイアナ 銀座本店〈ダイアナ〉）　靴¥28,000（サン・トロペ〈セヴン・トゥエルヴ・サーティ〉）　ストッキング／私物

顔周りに似合う色。それだけで「素敵だね」って褒められるように——

パーソナルカラー「スプリング」タイプが得意なオレンジのダウンをまとって。顔が明るく見え、肌までもきれいに見える美容効果が。

「シームレスダウンパーカ」オレンジ・「コンパクトコットンクルーネックT[七分袖]」ブラウン・「EZY アンクルパンツ」ベージュ／ユニクロ ネックレス ¥1,600（サンポークリエイト〈アネモネ〉） 靴 ¥12,500（ダイアナ 銀座本店〈ダイアナ〉）中に着た白カットソー・バッグ／私物

色も形も豊富な「ユニクロ」で何を買えばよいかわかるってとってもラク！

バリエーションが豊富な「ユニクロ」の人気アイテム、たとえばリブニット。骨格&パーソナルカラー診断を活用すれば、自分に似合う一枚がすぐにわかる。

「エクストラファインメリノリブタートルネックセーター」イエロー・「ハイウエストタックワイドパンツ」ブラウン／ユニクロ　ファーマフラー ¥23,000（ANAYI） ピアス ¥13,500（アルアバイル〈ホルヘ・モラレス〉）　時計 ¥25,000（シチズンお客様時計相談室〈シチズン キー〉）　バッグ／私物

着やせして見せたい──
そんな願いも骨格診断でクリア！

一見着ぶくれして見えそうなシフォンワンピースも、骨格に合っていれば、着やせして見えるから不思議！

「シフォンギャザーワンピース［インナー付き］」ホワイト・「レギンスパンツ」ブラック／ユニクロ　ピアス ¥1,700（サンポークリエイト〈アネモネ〉）　バッグ ¥12,000（アルアバイル〈ルル・ウィルビー〉）　手に持ったストール ¥27,000（エス．ケイ．エム〈アジョリー〉）　靴 ¥13,500（ダイアナ 銀座本店〈ダイアナ〉）

ワンピース一枚がサマになる。骨格&カラー診断を味方につければ叶うこと

風にはらりと舞う軽やかな素材、ウエストシェイプのあるデザイン。肌の透明感をより高めてくれる淡いベージュ。骨格&カラーの条件にマッチするワンピース。

「イネス・ド・ラ・フレサンジュ ジョーゼットラップワンピース」ベージュ/ユニクロ　バッグ¥7,900《キャセリーニ〈キャセリーニ〉》靴¥27,000《ブラッパーズ〈カルツァイウオーリ・フィオレンティーニ〉》手に持ったファーマフラー¥23,000〈ANAYI〉

introduction

日本人女性は、とってもおしゃれでトレンドにも敏感です。
トレンドを取り入れる楽しみは日々の生活に彩りをくれますよね。
けれど、買ったのになんだか似合わなくて結局タンスの肥やしになっていたり、
もったいないけれどもう着ないからと、罪悪感をもちながらも
捨ててしまったりという経験はありませんか？

このような悲しい事を減らし、みなさんのお買い物の負担を軽くするために
「骨格診断」と「パーソナルカラー診断」があります。
「骨格診断」と「パーソナルカラー診断」を取り入れることで、
自分に似合うものが明確にわかるようになり、お買い物の失敗がなくなります。
自分に似合うものを着ることで、より垢抜けて、きれいに見えるようになります。

今回は私たちに身近な「ユニクロ」の洋服を使って、
よりリアルに「骨格診断」と「パーソナルカラー診断」の考え方、
取り入れ方を紹介したいと思います。

私が 23 年間提案してきたメソッドが、
みなさんの生活のお役にたてることを願っています。

二神弓子

contents

- 02 　服は「ぜんぶユニクロ！」
  こんなに素敵なのは
  「骨格」と「パーソナルカラー」に合っているから──
- 07 　introduction
- 12 　「骨格診断」ってこういうこと！
- 13 　「パーソナルカラー診断」ってこういうこと！
- 14 　「骨格診断」と「パーソナルカラー診断」でここまで変わる！
- 16 　垢抜けて見せるための、骨格＆パーソナルカラー診断の取り入れ方

18
chapter 01
「骨格診断」でわかる、垢抜けて見える着こなし

- 19 　**骨格タイプは3つにわかれています**
- 20 　「骨格診断」セルフチェックチャート
- 21 　ストレートタイプの特徴
  - 24 　ストレートタイプに似合うファッション・小物
  - 28 　ユニクロで選ぶストレートタイプに似合う素材＆柄
- 22 　ウェーブタイプの特徴
  - 30 　ウェーブタイプに似合うファッション・小物
  - 34 　ユニクロで選ぶウェーブタイプに似合う素材＆柄
- 23 　ナチュラルタイプの特徴
  - 36 　ナチュラルタイプに似合うファッション・小物
  - 40 　ユニクロで選ぶナチュラルタイプに似合う素材＆柄

42

chapter 02
「パーソナルカラー診断」でわかる、垢抜けて見える色

- 43 パーソナルカラーは、ふたつのベースカラー、4つのタイプにわかれています
- 44 「パーソナルカラー」セルフチェックチャート
  - 45 カラーシートの使い方
- 46 スプリングタイプに似合う色
  - 48 ユニクロで見つけるスプリングカラー
- 50 サマータイプに似合う色
  - 52 ユニクロで見つけるサマーカラー
- 54 オータムタイプに似合う色
  - 56 ユニクロで見つけるオータムカラー
- 58 ウインタータイプに似合う色
  - 60 ユニクロで見つけるウインターカラー
- 62 column
  ベーシックカラーは
  "イエローベースかブルーベースが合っていればよし！" と
  考えれば、買い物もコーディネートもラクになる！

64

chapter 03
ユニクロで「垢抜けて見える服」の選び方

66	Tシャツ
68	シャツ
70	ブラウス
72	ワンピース
74	スカート
76	パンツ
78	カーディガン
80	デニム
82	ジャケット
84	ニット
86	コート
88	ダウン
90	水着

92

chapter 04
垢抜けコーデをつくる、ユニクロの最強ワードローブ

ユニクロで見つける、似合うワードローブと着回し

94	ストレートタイプ
106	ウェーブタイプ
118	ナチュラルタイプ

130

chapter 05

骨格診断 × パーソナルカラー診断
ユニクロで
パーソナルスタイリング

- 132 　ユニクロでパーソナルスタイリング実例
- 144 　教えて！二神先生　骨格＆パーソナルカラーのお悩みＱ＆Ａ
- 148 　column
　　　ユニクロでメンズアイテムが似合うのはナチュラルだけ？

150

chapter 06

ユニクロをもっと垢抜けて
見せる、着こなしテクニック

おしゃれに垢抜ける着こなしテクニック3

- 152 　ストレートタイプ
- 154 　ウェーブタイプ
- 156 　ナチュラルタイプ
- 158 　骨格タイプ別、ストールの選び方と巻き方
- 160 　骨格タイプ別、アイテム選びのヒント
- 166 　conclusion
　　　／shop list

Check 「骨格診断」って こういうこと!

骨格診断とは、人の体を立体的に 3D で捉え、生まれもった体の奥行きや肌の質感などの特徴から、ありのままの自分の体型をきれいに見せてくれるファッションアイテムを導き出すメソッドのことです。

診断結果は「ストレート」「ウェーブ」「ナチュラル」の 3 タイプにわかれ、自分に似合うファッションのテイスト、アイテム、形、素材がわかります。よりきれいに見せるヘアスタイルまで知ることができるのです。

自分の骨格タイプに合う服を着ることで、理想の体型に見えるよう調整してくれます。たとえば、ふくよかな方は着やせして見え、華奢でやせすぎている方は、健康的に見えるのです。自分の体型や肌の質感とも調和するので、垢抜けた印象にも見えます。

私が考え出した骨格診断に、ミックスという結果はありません。プロでも診断に迷うくらい難しく、複数の骨格タイプの体の特徴がミックスしていても、結果はひとつ。いちばん似合うのは、そのタイプのアイテムになります。

Check 「パーソナルカラー診断」ってこういうこと！

パーソナルカラー診断とは、配色による目の錯覚を利用して、シミ、シワ、カゲなどの肌の色ムラを目立たなくする手法です。目力が強くなったり、リフトアップ効果があったりと、多くの美容効果を得ることができます。

なかには派手な色が苦手、顔から浮いて見えるから避けているという方もいらっしゃると思いますが、パーソナルカラー診断を利用すれば、その問題も解決します。その人の生まれもった肌の色素と調和する色を身につけることで、たとえ華やかな色の服を着ても、悪目立ちしないというメリットがあるからです。つまり、よりファッションを自由に楽しむことができるようになります。

パーソナルカラー診断では、黄味を含む色が似合うイエローベースの「スプリング」「オータム」、青味を含む色が似合うブルーベースの「サマー」「ウインター」の4つに分類され、それぞれ似合う色が異なります。

「骨格診断」と「パーソナル

骨格とパーソナルカラーに合うもの、合わない
骨格「ウェーブ」× パーソナルカラー「スプリング」

骨格診断 → **NG**
パーソナルカラー診断 → **NG**

ストレートタイプが似合うパリッとしたシャツ。ウェーブタイプが着ると、地味で寂しい印象に。色はブルーベースのサマー。イエローベースの女性の顔色を悪く見せてしまいます。

骨格診断 → **NG**
パーソナルカラー診断 → **OK**

今度はスプリングカラーになったので顔がパッと華やかに。ですがパーカはストレートに似合うアイテム。おしゃれのためにあえて着ているのではなく、ただのトレーニング着に見えがちです。

「カラー診断」でここまで変わる！

ものを身につけると、見た目にどんな影響を及ぼすのか。
タイプの女性の顔色や表情、雰囲気など、その変化にご注目。

骨格診断 → OK
パーソナルカラー診断 → NG

ウェーブが似合う、フィット感が高い＆透け素材のリブニット。骨格に合う形にしたことで、地味な人という印象はなくなりました。服の色がウインターなので、顔色はまだ冴えません。

骨格診断 → OK
パーソナルカラー診断 → OK

左と同じ形のニットなので骨格はOK。スプリングに似合う鮮やかな色に変わっただけで、顔色がパッと明るく、元気そうに。肌となじむので、赤も派手に見えません。

垢抜けて見せるための、骨格 &

骨格診断とパーソナルカラー診断を、買い物やコーディネートで取り入れるとき、

優先順位 ① — 素材 —

骨格診断を活用

肌にハリがあるか、やわらかいか、
生まれもった肌の質感と
洋服の素材の調和がいちばん大事

似合わない素材を身につけていると、着ぶくれして見えたり、服に着られている感じがしてしまうもの。なにはなくとも、素材だけは自分の骨格に合うものを身につけましょう。

優先順位 ② — ベースカラー —

パーソナルカラー診断を活用

- イエローベース -

- ブルーベース -

装いの基本となるベーシックカラー。
イエローベース、ブルーベースを
守れば、自分をきれいに見せてくれる

ベージュ、グレー、ネイビーなどの定番色は、毎日身につけるもの。ですので、パーソナルカラー4タイプをきっちり守るというのは非現実的。ベースカラーを守れば OK です。

パーソナルカラー診断の取り入れ方

どのような優先順位で考えていくのがよいのかを紹介します。

優先順位
3

－ デザイン －

骨格診断を活用

生まれもった体のラインに合う形や着丈の洋服を着ることで、スタイルアップさせてくれる

たとえば、下重心のウェーブタイプは、バランスが上がって見える短め丈のアウターを選ぶことで、下重心が気にならなくなるのです。もちろん、着やせにも大きく作用します。

優先順位
4

－ 差し色 －

パーソナルカラー診断を活用

アクセントになる差し色は、存在感があるから、パーソナルカラーから選べばうまくいく！

毎回は身につけないかもしれないけれど、コーディネートのアクセントになるイエローやピンクなどのきれい色。4分類のパーソナルカラーから選べば、失敗することはありません。

chapter 01

「骨格診断」でわかる、垢抜けて見える着こなし

骨格タイプは3つにわかれています

まずは骨格診断で、自分の体の特徴が「ストレート」「ウェーブ」「ナチュラル」のどのタイプに属するかをチェック。
体つきがふくよか、やせているなどは関係ありません。筋肉、脂肪、関節などの特徴で分類されます。

{ ストレート }

バストや腰位置が高く、肌や筋肉のハリを感じる立体的な体型

{ ウェーブ }

体に厚みがなく、肌の質感はふんわりとやわらか。バストやヒップの位置が低め

{ ナチュラル }

手の筋や関節が目立ち、骨が太くしっかりしている体型。肌の質感には個人差がある

体に厚みがあり、筋肉がつきやすいタイプ。ウェーブタイプとは、正反対の特徴をもつ。

体は薄く、前から見ると横幅を感じるタイプ。ストレートとは、正反対の特徴をもつ。

ストレートとウェーブの間のタイプではなく、どちらにも属さない別タイプのこと。

「骨格診断」セルフチェックチャート

下のチャートの設問に、YES か NO で答えていくだけで、自分が属する骨格タイプがすぐにわかります。体の特徴は次のページから詳しく紹介します。

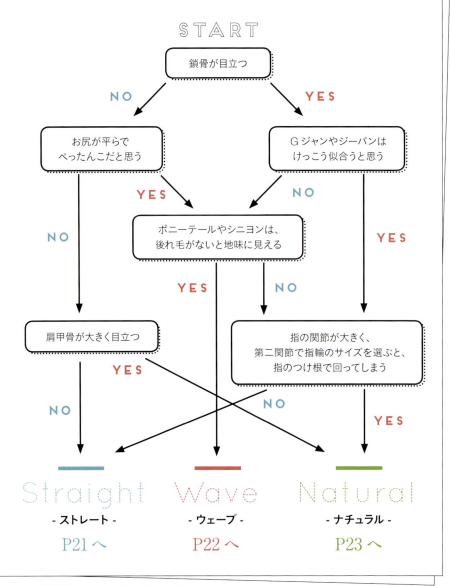

- ストレートタイプの特徴 -

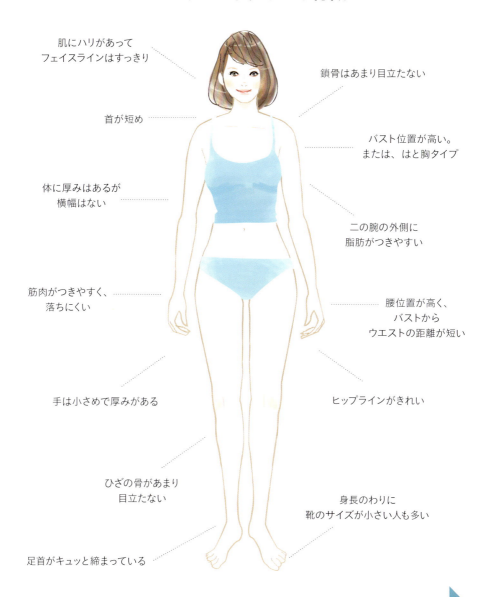

- 肌にハリがあってフェイスラインはすっきり
- 鎖骨はあまり目立たない
- 首が短め
- バスト位置が高い。または、はと胸タイプ
- 体に厚みはあるが横幅はない
- 二の腕の外側に脂肪がつきやすい
- 筋肉がつきやすく、落ちにくい
- 腰位置が高く、バストからウエストの距離が短い
- 手は小さめで厚みがある
- ヒップラインがきれい
- ひざの骨があまり目立たない
- 身長のわりに靴のサイズが小さい人も多い
- 足首がキュッと締まっている

似合うファッションは P24 へ

- ウェーブタイプの特徴 -

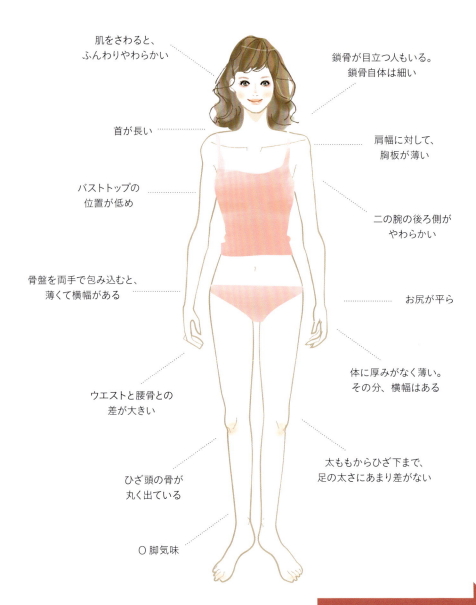

- 肌をさわると、ふんわりやわらかい
- 鎖骨が目立つ人もいる。鎖骨自体は細い
- 首が長い
- 肩幅に対して、胸板が薄い
- バストトップの位置が低め
- 二の腕の後ろ側がやわらかい
- 骨盤を両手で包み込むと、薄くて横幅がある
- お尻が平ら
- 体に厚みがなく薄い。その分、横幅はある
- ウエストと腰骨との差が大きい
- 太ももからひざ下まで、足の太さにあまり差がない
- ひざ頭の骨が丸く出ている
- O脚気味

似合うファッションは P30 へ

- ナチュラルタイプの特徴 -

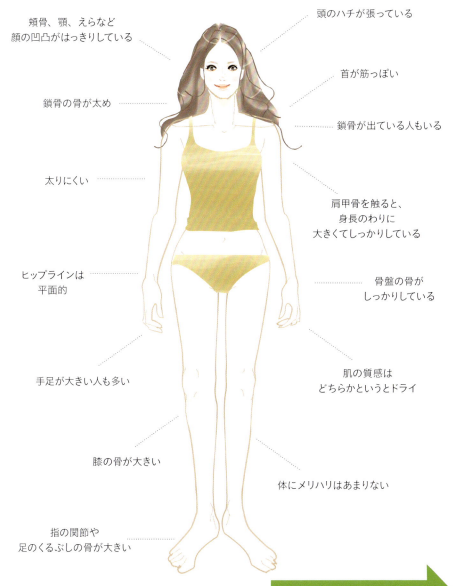

- 頬骨、顎、えらなど顔の凹凸がはっきりしている
- 頭のハチが張っている
- 首が筋っぽい
- 鎖骨の骨が太め
- 鎖骨が出ている人もいる
- 太りにくい
- 肩甲骨を触ると、身長のわりに大きくてしっかりしている
- ヒップラインは平面的
- 骨盤の骨がしっかりしている
- 手足が大きい人も多い
- 肌の質感はどちらかというとドライ
- 膝の骨が大きい
- 体にメリハリはあまりない
- 指の関節や足のくるぶしの骨が大きい

似合うファッションは P36 へ

ストレートタイプに似合うファッション

きれいめ

**シンプルなきちんとスタイルが
かっこよくサマになる!**

もともと体がきれいなバランスで、存在感もあるので洋服はできるだけシンプルに、引き算で考えると体と服が調和し、垢抜けて見えます。ゴテゴテと盛った服を着ると野暮ったくなるので気をつけましょう。また、筋肉や肌のハリを感じるタイプなので、ムチムチして見えやすいという点も。地厚の素材で体の肉感をカバーしてあげるのがポイントです。

きれいめコーデに使いやすいアイテム

- ☑ ベーシックなテーラードジャケット
- ☑ ハリのあるシャツ
- ☑ ひざ丈のタイトスカート
- ☑ センタープレスのストレートパンツ
- ☑ 太すぎないワイドパンツ
- ☑ トレンチコート

骨格診断の結果が「ストレート」タイプだった場合、実際にどんな着こなしが似合うのでしょうか。
"きれいめ"と"カジュアル"にわけて、詳しく紹介していきます。

カジュアル

ラフすぎる着こなしはNG。
洗練感のある大人っぽカジュアルに

体に厚みがあるため、リラックス感のあるビッグシルエットの服を着ると、着ぶくれして見えやすいストレートタイプ。さらに、だらしない印象にもなってしまいます。逆に小さいサイズでは、ムチッとして見えるので、ジャストサイズが鉄則。正統派がハマるタイプなので、カジュアルといっても、くだけた印象になりすぎないように気をつけましょう。

カジュアルコーデに使いやすいアイテム

- ☑ ポロシャツ
- ☑ ジャストサイズのTシャツ
- ☑ ハイゲージのVネックニット
- ☑ ノンウォッシュのデニム
- ☑ レザーライダース
- ☑ Gジャン

ストレートタイプに似合う小物

Bag （バッグ）

レザー素材の
かっちりとしたデザイン

自立する形

大きめのサイズ

洋服と同じで、やわらかいものより、レザーなど厚みのある素材のバッグがよいです。ハリのある肌の質感に合わせ、バッグもハリがあって自立するものが◎。サイズは中〜大きめを。

Shoes （靴）

ローファーもOK

シンプルなパンプス

きれいめデザイン

シンプルでシュッとしたデザインがおすすめ。装飾はついていないほうが似合います。ヒールは太すぎず、細すぎず、標準的なものを。素材は、表革など、表面に凹凸感がないものに。

Other （その他）

巻物なら、シルクのスカーフやカシミアのストール。時計のフェイスの形なら、定番の丸型か長方形。高級感のあるものや、定番のデザインが似合う。

シルクの
スカーフ

ハットはシンプルな
中折れ帽

時計は
オーソドックスなタイプ

小物も骨格タイプによって似合うものがわかるので、買い物がグッとラクになります！
ストレートの小物選びの基本は、正統派なデザイン&高品質な素材です。

Accessories
（アクセサリー）

ダイヤモンドや
パールが得意

ネックレスは
標準の長さ

ブレスレットよりは
バングル派

デザインも長さも、ベーシックなものが◎。大きさは、華奢すぎるものより、程よいボリュームがあるものを。チープな印象のものを身につけると、おもちゃのように見えるので注意。

Hair style
（ヘアスタイル）

バスト位置が高く、首が短めなこのタイプは、あご下からバストトップをすっきり見せることが大事。その場所に毛先がこないレングスに。イメージは直線的なスタイルを目ざして。

ショートから肩上ボブ

首回りがすっきり見えるので、いちばん似合うスタイル。首が短めな方に特におすすめ。

ストレートのロング

毛先がバストトップよりも下にくるロングヘア。もし巻きたいなら毛先だけワンカールに。

すっきりとしたまとめ髪

後れ毛を残さないのがコツ。オールバックのまとめ髪が似合うのはストレートだけ。

- FOR STRAIGHT TYPE -

ユニクロで選ぶストレートタイプに似合う

選びのポイント

適度な厚みとハリのある素材、シンプルな柄をチョイス

ハリのある肌と調和する、適度な厚みとハリのある素材や、存在感のある体をすっきりと見せてくれる糸の細いハイゲージ素材を選ぶとよいでしょう。柄はシャープに見える直線感のあるものが合います。

エクストラファインコットン
ハリがあって、透け感のないコットン素材。ユニクロではシャツやブラウスによく使われる。

コットンTシャツ
スーピマコットンのTシャツに使われているような、厚手で高級感のあるコットン。

カシミア
高品質な素材が似合うストレートにぴったり。ふっくら感が出すぎないハイゲージを。

ポロ
ポロシャツに使われる鹿の子編み素材。定番素材なので、ストレートによく似合う。

ほかにこんな素材や柄も似合う

表革のレザー
シワ加工やダメージ感のないマットなもの。

シルク
程よく厚手でハリのあるシルク100%が似合う。

> **避けたほうがよい素材** 透けるほど薄い素材、凹凸感が強い素材、伸びる素材、毛足の長い素材

素材＆柄

細リブ

凹凸感の少ない、細いリブ編み素材。ユニクロではカットソーによく使われる。

ウール

コートなどによく用いられる目の詰まった厚手のウール素材。毛足の短いものを選んで。

ストライプ柄

強い直線感がストレートによく似合う。ストライプの縞のコントラストは強いほうがよい。

濃デニム

カジュアルに見えすぎないノンウォッシュタイプやネイビーのような濃い色をチョイス。

エクストラファインメリノ

細い糸を使った、ハイゲージのウールニット素材。ユニクロでは毎シーズン多くのニットが登場。

ピンストライプ柄

ピンのような極細の縞が並んだ柄のこと。ユニクロではアンクルパンツでよく登場する。

ハリのあるポリエステル

しなやかながらハリと適度な厚みがある。ユニクロではドレープTやブラウスなどに使用。

スポーツウエア素材

シャカシャカとした素材のパーカなどで使われる、高密度な生地。ハリ感もよい。

シルクニット

細く上質な糸を使った滑らかな表面感が◎。

クロコの型押し

高級感がマッチ。小物で活用して。

ゼブラ柄

直線感の強いものを選ぶのがポイント。

ウインドウペンチェック

大柄で直線感がはっきりしているのがよい。

避けたほうがよい柄 直線感のない柄、抽象的で何柄がわかりにくいもの、キャラクタープリント柄

- FOR STRAIGHT TYPE -

29

ウェーブタイプに似合うファッション

きれいめ

やわらかな素材や装飾デザインを駆使した大人フェミニンスタイル

やわらかな肌の質感の持ち主なので、身につける素材も薄手でやわらかなほうがマッチします。また、体のつくりが華奢なため、寂しく見えないようにデザイン性のあるアイテムで盛り上げるように意識して。きれいめコーデといえば、カチッとしたジャケットやハリのあるシャツがよく使われますが、素材が硬いと着られているように見えるので、ソフトな素材のものを選ぶことが大事です。

きれいめコーデに使いやすいアイテム

- ☑ ノーカラーのジャケット
- ☑ とろみ素材のブラウス
- ☑ クルーネックカーディガン
- ☑ プリーツスカート
- ☑ クロップドパンツ
- ☑ ショート丈のコート

骨格診断の結果が「ウェーブ」タイプだった場合、実際にどんな着こなしが似合うのでしょうか。
"きれいめ"と"カジュアル"にわけて、詳しく紹介していきます。

カジュアル

足し算を意識した華やかなコーディネート

Tシャツ×デニムのようなシンプルなカジュアル服をまとうと、地味に見えたり、ただの作業着に見えたりしてしまうウェーブ。カジュアルといっても、華やかで女らしい印象を心がけるとよいでしょう。シンプルなスタイルを楽しみたいときは、柄アイテムを活用して。また、曲線的な女らしいボディラインを見せたほうが着やせするので、サイズはコンパクトなものを選びましょう。

カジュアルコーデに使いやすいアイテム

- ☑ リブTシャツ
- ☑ 七分そでのカットソー
- ☑ モヘアニット
- ☑ 台形スカート
- ☑ スキニーデニム
- ☑ ポンチ素材のパンツ

- FOR WAVE TYPE -

ウェーブタイプに似合う小物

Bag（バッグ）

チェーンバッグ

キラキラ装飾つき

小さめのサイズ

サイズは小さく、素材はやわらかく、が選びの基本。大きなサイズのかっちりとしたバッグは、体のバランスに対して大きく見えすぎてしまいます。スパンコールやラメつきもよく似合います。

Shoes（靴）

バレエシューズ
アニマル柄のパンプス
筒が細いロングブーツ

シンプルすぎると寂しく見えるので、リボンやストラップなど、飾りのついたタイプがおすすめ。ヒールは細いほうが似合います。また、足の甲を出すことで脚が細く見えるタイプです。

Other（その他）

つばの広い帽子

ブレスレットのような時計

シフォン素材のスカーフ

選ぶときは、生まれもった質感や体の曲線になじまない、ハードなもの、かっちりとしすぎたものを避けるのがコツ。顔周りを盛り上げる、薄手の巻物はもっておくと重宝します。

- FOR WAVE TYPE -

小物も骨格タイプによって似合うものがわかるので、買い物がグッとラクになります！
やわらかい、かわいらしい、女らしいものを選びましょう。

Accessories
アクセサリー

揺れるピアス

ネックレスは
短めの長さ

繊細なブレスレット

装いが寂しく見えがちなウェーブのお助けアイテム。キラキラと輝くもの、透明感のあるものを活用しましょう。デザインは華奢なものを。ネックレスは重心が下がって見えないよう短めに。

Hair style
ヘアスタイル

あご下からバストトップの距離が長めなので、この場所に毛先がくるとバランスよく見えます。また、曲線感のあるウェーブヘアが◎。個人差はありますが、前髪はある方がおすすめです。

- FOR WAVE TYPE -

セミロング

華やかでフワフワとした、カール感のあるセミロングがいちばんよく似合います。

カール感のあるロング

ストレートヘアよりウェーブヘアがおすすめ。重心が下がるスーパーロングはNG。

ハーフアップ

フルアップが苦手なタイプなので、まとめ髪をする時は顔周りに後れ毛を残して。

ユニクロで選ぶウェーブタイプに似合う

選びのポイント

透ける、薄手、伸びる素材、小さく愛らしい柄が似合う

やわらかい肌の質感に合う、薄手の透ける素材がとてもよく似合います。また、ボディラインがわかるようなストレッチ素材もおすすめです。大きな柄やコントラストの強い柄は負けてしまうので、ソフトな柄を選びましょう。

シフォン

まとうと肌が透けるほど薄く、軽やかな素材。ウェーブは肌が透けると着やせ効果がある。

サテン

上品な光沢のある薄手の生地。ユニクロでは、ブラウスやパンツに使われている。

ドット柄

柄の小さいものを選ぶ。色もコントラストがつきすぎないほうがおすすめ。大柄は避ける。

薄手のリブ

できれば透け感があるような、繊細なリブをチョイス。リブの幅は細いほうがよい。

ほかにこんな素材や柄も似合う

モヘア

毛足の長いフワフワ感はウェーブの十八番。

ベロア

滑らかで光沢のある素材が肌にマッチ。

避けたほうがよい素材　ハリのある素材、厚手の素材、ザラザラ・ゴワゴワした素材

素材&柄

スエード

ふかふかとした手触りと起毛感のある素材。エコスエード素材もOK。きれいめタイプを。

レーヨン

ソフトで落ち感のある生地。ユニクロでは、レーヨンエアリーブラウスが代表アイテム。

ポンチ

軽く伸縮性のある、はき心地のよい素材。ユニクロではジャケットからボトムまで幅広く展開。

レース

レースはウェーブの得意アイテム。できるだけ繊細で華奢な生地を選ぶのがキモ。

ツイード

女性らしい印象のやわらかな素材を選んで。マニッシュなブリティッシュツイードはNG。

ギンガムチェック

チェックの中なら、小柄で愛らしい印象のギンガムがおすすめ。千鳥格子もOK。

ボア&ファー

ボリュームのあるボアやファーは華やかな印象に導いてくれる。リアルファーもエコファーも◎。

細ボーダー

ユニクロで豊富なボーダーの中でも、縞の幅が細く、色のコントラストが弱いものを選択。

- FOR WAVE TYPE -

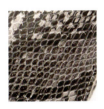

パイソン柄

細かい柄だからよい。小物で活用して女らしく。

パテント

レザーなら艶ありがおすすめ。バッグや靴に。

キルティング

やわらかで華やかな印象がウェーブになじむ。

レオパード柄

細かい柄を。ウェーブはかわいく着こなせる。

避けたほうがよい柄 色のコントラストが強い柄、大きな柄、迷彩などの辛口な柄

ナチュラルタイプに似合うファッション

> きれいめ

大人の余裕を感じる、ハンサムなきちんとスタイル

フレームがしっかりしており、ヘルシーな体をもつナチュラルタイプ。その体型をいかした、ハンサムスタイルがよく似合います。体の骨っぽさを女らしくカバーするには、ゆったり感のあるアイテムを選ぶのがおすすめです。ジャケットやパンツなどを選ぶときも、コンパクトサイズではなく大きめを、細身ではなくワイドを選びましょう。

きれいめコーデに使いやすいアイテム

- ☑ ダブルブレストのジャケット
- ☑ リネンシャツ
- ☑ ロングカーディガン
- ☑ ひざ下丈のタイトスカート
- ☑ ワイドパンツ
- ☑ チェスターコート

- FOR NATURAL TYPE -

骨格診断の結果が「ナチュラル」タイプだった場合、実際にどんな着こなしが似合うのでしょうか。"きれいめ"と"カジュアル"にわけて、詳しく紹介していきます。

カジュアル

長い、ゆるい、太いアイテムを活用して、こなれカジュアルに

普段着のようななにげない服を着ただけで、海外セレブ風のおしゃれな雰囲気をかもし出せるナチュラルタイプ。ロング丈のアウターや、ワイドパンツ、洗いざらしのシャツ、ざっくりしたニットなど、カジュアルなアイテムが得意です。今っぽい着こなしを自在に楽しめます。ただし、短い丈のものは、寸足らずに見えてしまうので、気をつけましょう。

カジュアルコーデに使いやすいアイテム

- ☑ Tシャツ
- ☑ スエット
- ☑ ローゲージのニット
- ☑ マキシ丈のスカート
- ☑ ダメージデニム
- ☑ ポンチョ

- FOR NATURAL TYPE -

ナチュラルタイプに似合う小物

Bag （バッグ）

サイズは大きいほうが体のバランスとマッチします。マチは広いか無しかのどちらかが似合います。テイストは、きれいめなものでもカジュアルなものでもかまいません。持ち手幅が広いのも◎。

マチのあるバケツ型バッグ

マチのないクタッとした形

キャンバスバッグ

Shoes （靴）

フェミニンなテイストの靴が苦手なので、マニッシュ系やカジュアル系がおすすめです。きれいめなデザインで探すなら、太ヒール、表革素材、スエード素材をキーワードに選びましょう。

レースアップシューズ／表革のロングブーツ／太ヒールのパンプス

Other （その他）

風合いのある素材感、マニッシュテイストの小物が似合います。時計は、ダイバーズウォッチやメンズライクな革ベルトの時計など、大きめのフェイスが、手の骨感にマッチします。

フリンジづきのストール

ストローハット

ダイバーズウォッチ

小物も骨格タイプによって似合うものがわかるので、買い物がグッとラクになります！
カジュアルなもの、大きめのもの、ざっくりした質感のものをセレクトしてください。

Accessories

レザー使いの
ペンダント

革素材のバングル

フープピアス

アクセサリー

華奢なタイプや、人工的な光沢感のあるものが苦手なナチュラルタイプ。アクセサリーは、レザーやスエード、べっ甲やシェル素材がおすすめです。金属はマットやユーズド加工を選んで。

- FOR NATURAL TYPE -

Hair style

ヘアスタイル

顔の骨感をカバーしてくれる無造作ヘアがおすすめです。無造作、ということさえ守れば個人差はありますが、ショートからベリーロングまで、長さを問わずに楽しめます。

ベリーロング

3タイプの中で唯一、腰までのロングヘアが似合います。ざっくり巻くのも◎。

無造作なロング

手ぐしで整えたくらいのラフなストレート。鎖骨にかかる長さなら骨感をカバー。

無造作なショート〜ボブ

顔の骨感があまり目立たないタイプなら短いヘアも◎。前髪の有無は個人差あり。

ユニクロで選ぶナチュラルタイプに似合う

選びのポイント

風合いのある素材を楽しめる！
規則性の少ない柄が得意

体のフレームがしっかりしているので、太い糸を使ったざっくりとした素材や、シワ感のある素材、メンズっぽい地厚の生地、ユーズド感のある素材など、ハードなものも難なく着こなせます。柄はドットのように同じ柄が規則正しく並んだものや、フェミニンなものが苦手。ワイルド系やカジュアル系の柄を選びましょう。

プレミアムリネン

ユニクロの定番、プレミアムリネンはナチュラルが得意な素材。シワ感はあるほうが◎。

ワッフル

凹凸が大きく、カジュアルなテイストのワッフル。ユニクロではカットソーが大人気。

ケーブル編み

凹凸のあるカジュアルテイストのニット。プレーンなニットでは物足りない印象に見える。

ピンストライプ

きちんと見せたいときに便利。程よい厚みや起毛感のあるものがよりおすすめ。

ほかにこんな素材や柄も似合う

タータンチェック

カジュアル感のあるチェックがよい。

コーデュロイ

厚みと凹凸感が◎。綿製のカジュアルなものを。

避けたほうがよい素材　人工的な光沢のある素材、薄手の素材

- FOR NATURAL TYPE -

素材&柄

刺しゅう柄

刺しゅうは、ナチュラルらしいアイテム。ユニクロでは、エンブロイダリーと呼ばれる。

地厚なレース

厚手で少し素朴な印象のあるレースなら、ナチュラルも◎。薄手で繊細なものはNG。

ブリティッシュツイード

メンズライクで落ちついた、英国調のツイード。フェミニンなツイードはNG。

ダメージデニム

ダメージや色落ちの加工が施してある、ラフなものが似合う。ストレッチはないほうがよい。

プレミアムラム

適度に太い糸を使ったラムウール。ユニクロではさまざまなデザインのニットが展開。

コットンローン

シワ加工のあるコットン素材。ユニクロではシャツやスカートに使われていることが多い。

洗いざらしのコットン

スムースで高級感のあるコットンより、カジュアル感のあるコットンのほうが似合う。

ボタニカル柄

トロピカル調、葉っぱや茎などのナチュラルな柄が◎。水彩画調もおすすめ。

ペイズリー

エスニックテイストも似合う。ラフな素材を選んで。

かご素材

ナチュラルテイストは得意。ほっこりして見えない。

ローゲージニット

ざっくり系も着こなせる。ミドルゲージもOK。

キャンバス素材

バッグなどの小物に活用できるのが便利。

- FOR NATURAL TYPE -

> **避けたほうがよい柄**　規則正しく並んだ柄、小さくて愛らしい柄

chapter 02

「パーソナルカラー診断」で わかる、垢抜けて見える色

Find clothes suit you by checking your personal color

パーソナルカラーは、ふたつのベースカラー、4つのタイプにわかれています

ベースカラーとは、すべての色に黄味を加えた「イエローベース」と、すべての色に青味を加えた「ブルーベース」の2つ。そこから、明るさや鮮やかさを基準にさらに4タイプに分類したのが「パーソナルカラー」です。

イエローベース

{ スプリング }

明るく、鮮やかな色が多い。黄味を含むので、色に暖かみやかわいらしい印象を感じる。

似合うカラーは P46 へ

{ オータム }

暗く、深みのある色が多い。黄味と渋みがあるのでリッチ感があって、大人っぽいカラー。

似合うカラーは P54 へ

ブルーベース

{ サマー }

明るく、鮮やかさを抑えたパステルカラーが多い。爽やかで涼しげ、そして優しげな印象。

似合うカラーは P50 へ

{ ウインター }

鮮やかで暗い、原色やそれに近い色が多い。インパクトが強く、シャープなイメージ。

似合うカラーは P58 へ

「パーソナルカラー」セルフチェックチャート

簡単な設問に答えていくだけで、自分がどのパーソナルカラーのタイプに属するかがわかります。本書の巻頭に付属している「パーソナルカラー診断」用シートを使うとより正確な診断ができます。

Find clothes suit you by checking your personal color

{ カラーシートの使い方 }

本書の巻頭についている「パーソナルカラー診断」用シート計4枚を切り取って使います。ピンク系とブラウン系それぞれが「スプリング」「サマー」「オータム」「ウインター」の色味にわかれています。できればノーメイクで、白色灯の下で手をのせたり、顔に当てたりして診断します。

{ チェックポイント }

check 1　シートの上に手をのせて、手がいちばんきれいに見えるのは？

check 2　シートを顔に当てて、シミやシワ、クマが目立たないのは？

check 3　肌のくすみが気にならず、イキイキと健康的に見えるのは？

自分のパーソナルカラーと異なるシートを当てると…こんなことが起こります！

- ☑ 肌色がくすんで見える
- ☑ 肌が乾燥したように見える
- ☑ シミやシワ、クマが目立つ
- ☑ 顔色が青白く、不健康そうに見える
- ☑ シートと自分の肌色がなじまず、色だけが浮いて見える
- ☑ 顔がのっぺりして見える

スプリングタイプに似合う色

｛ スプリングタイプはこんな人 ｝

色白で、こっくりとした乳白色の肌の持ち主です。日焼けをすると明るい茶色になります。かわいらしい雰囲気の方が多く、実年齢より若く見える方もいます。

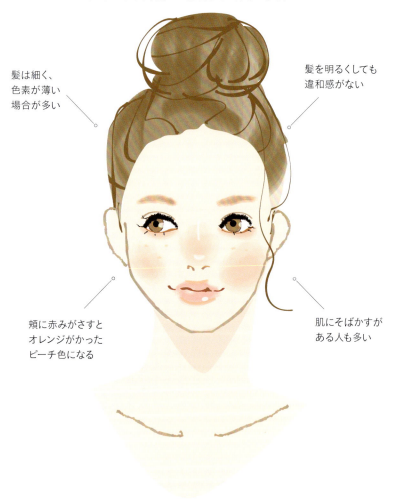

髪は細く、色素が薄い場合が多い

髪を明るくしても違和感がない

頬に赤みがさすとオレンジがかったピーチ色になる

肌にそばかすがある人も多い

Spring Color

ユニクロで見つけるスプリングカラー

01

02

03

01
春の花のような、温かみのある黄色。「ポケッタブルパーカ」イエロー/ユニクロ

02
元気なビタミンカラーもよく似合う。「サーキュラースカート」オレンジ/ユニクロ

03
黄味を含む、まろやかなブルー。「エアリズム ルームセット」ブルー/ユニクロ

Find clothes suit you by checking your personal color

黄色やオレンジは得意のカラー。
実際にユニクロで買うとしたら、こんな色味をヒントに！

04
イエローは濃淡問わずスプリングが得意な色。「レギンスパンツ」クリーム／ユニクロ

05
赤を選ぶならオレンジがかったものを。「ストレッチカノコポロシャツ」レッド／ユニクロ

06
黄味を含んだ、明るいグリーン。「ストレッチカノコポロシャツ」グリーン／ユニクロ

サマータイプに似合う色

｛ サマータイプはこんな人 ｝

少し青白い肌であることが多く、色白ではない場合も、肌に黄味が少ないです。上品でソフトな色が似合うので、ビビッドな色を着ると、服が浮いて見えます。

髪は真っ黒ではなく、日本人に多いソフトなブラックヘア

白目と黒目のコントラストが控えめ

目の下にクマができやすい

頬が赤くなりやすいタイプが多い

Find clothes suit you by checking your personal color

\青味を含む、明るく爽やかな色が似合う！/

Summer
color chart

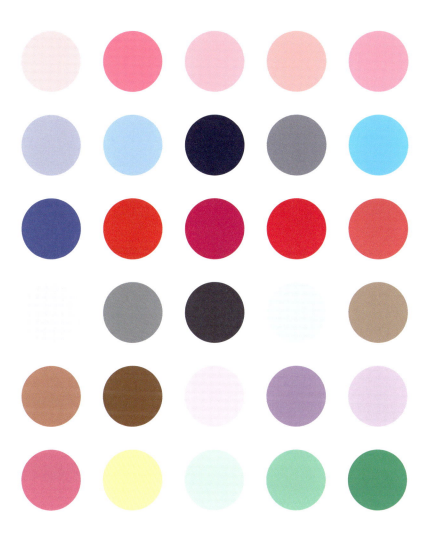

Summer Color

ユニクロで見つけるサマーカラー

02

01

03

01
グレイッシュなパープル。「ユニクロ ユー クルーネックT」[メンズ] パープル／ユニクロ

02
ビビッドではない、エレガントな青。「ベルテッドTワンピース」ブルー／ユニクロ

03
爽やかなシトラス系のイエロー。「UVカットVネックカーディガン」イエロー／ユニクロ

Find clothes suit you by checking your personal color

パステル系の色が似合うサマータイプ。
実際にユニクロで買うとしたら、こんな色味をヒントに！

04
青味を含むパープル。「UVカットクルーネックカーディガン」パープル／ユニクロ

05
優しげなブルーも得意な色味。「コットンエンブロイダリーブラウス」ブルー／ユニクロ

06
パステル系の淡ピンクもサマーらしい。「スウェットフルジップパーカ」ピンク／ユニクロ

オータムタイプに似合う色

{ オータムタイプはこんな人 }

肌の色はスプリングタイプよりもダークなタイプです。色白の場合は、象牙色のような落ち着いた深みのある肌色になります。大人っぽい雰囲気の持ち主。

深いブラウン系の
ヘアカラー

瞳の色はダーク
ブラウン

日に焼けると、
ミラノマダムのような
こっくりとした肌色に

オレンジ系の唇。
くすみ感のある人もいる

Find clothes suit you by checking your personal color

黄味を含む、
深くてシックな色が似合う！

Autumn
color chart

55

Autumn Color

ユニクロで見つけるオータムカラー

01 深みのあるサフランイエロー。「コットンエンブロイダリーブラウス」イエロー/ユニクロ

02 赤に茶を加えたテラコッタカラー。オータムらしい色。「レギンスパンツ」レッド/ユニクロ

03 ブルーも渋みのある色に。「3Dコットンクルーネックセーター」ブルー/ユニクロ

Find clothes suit you by checking your personal color

▨ オータムには、こっくりとした色味がおすすめ。
実際にユニクロで買うとしたら、こんな色味をヒントに！

04

06

05

04
暗く、落ち着きのある黄色。「トーマス マイヤー ポロセーター」オレンジ/ユニクロ

05
カーキはオータムの得意なカラー。「クロップドクルーネックT」グリーン/ユニクロ

06
秋の紅葉を彷彿とさせる色味。「ライトVネックリブカーディガン」オレンジ/ユニクロ

ウインタータイプに似合う色

｜ウインタータイプはこんな人 ｜

黒い髪色、瞳の黒目と白目のコントラストがはっきりしているのが特徴。色白の人は、透けるような肌の白さの持ち主。クールでシャープな雰囲気のある方も多くいます。

髪は真っ黒の人が多い

頬はやや青味のあるピンク色

日焼けをすると、くすんだブラウン系の肌色になる

赤い色の唇をしている人が多い

Find clothes suit you by checking your personal color

青味を含む、ビビッドな色が似合う！

Winter
color chart

Winter Color

ユニクロで見つけるウインターカラー

01
深い赤。「イネス・ド・ラ・フレサンジュ カシミヤリボンタイセーター」レッド／ユニクロ

02
原色のグリーン。シャープな印象のある色。「レースフレアスカート」グリーン／ユニクロ

03
くすんだ赤紫であるワイン色。「ソフトコットンギャザーブラウス」ワイン／ユニクロ

Find clothes suit you by checking your personal color

 強くて深いカラーがラインナップ。
実際にユニクロで買うとしたら、こんな色味をヒントに！

04
ウインターらしいロイヤルブルー。「プレミアムリネンシャツ」ブルー／ユニクロ

05
鮮やかで強いピンクが似合うウインター。「ユニクロ ユー クルーネックT」ピンク／ユニクロ

06
暗いパープル。「エクストラファインメリノクルーネックカーディガン」パープル／ユニクロ

61

column

ベーシックカラーは
**〝イエローベースかブルーベースが
合っていればよし！〟** と考えれば、
買い物もコーディネートもラクになる！

パーソナルカラー診断では、だれもがきちんと、「スプリング」「サマー」「オータム」「ウインター」の4タイプのいずれかに属します。ですが、たとえば自分はスプリングタイプだから、スプリングカラーしか身につけないというのは、とても大変で現実的ではありませんよね。だからよく身につけるベーシックカラーについては、ベースカラーさえ合っていればよいと考えています。スプリング＆オータムの方はイエローベースのベーシックカラーを、サマー＆ウインターの方はブルーベースのベーシックカラーを着ればよいということです。4分類の垣根を越えても、ベースカラーさえ守れば、肌映りが極端に悪くなることはないので、安心して楽しんでください！

Find clothes suit you by checking your personal color

for スプリングタイプ＆オータムタイプ
イエローベース のベーシックカラー

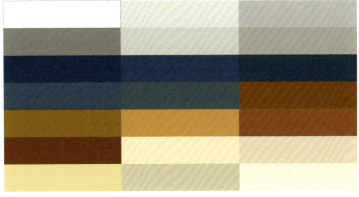

黄味を含む色が似合うイエローベースの2タイプの方は、ブラウンやベージュをベーシックカラーの軸にするのがおすすめです。シャープに見せたいときは、黄味を含むネイビーを活用して。

for サマータイプ＆ウインタータイプ
ブルーベース のベーシックカラー

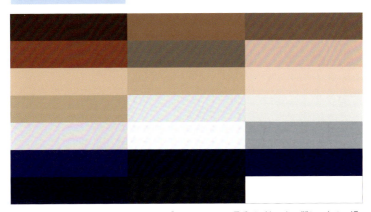

ブラウンやベージュは、イエローベースかブルーベースかの見分けがなかなか難しいもの。慣れるまでは、モノトーンやネイビーなどをベーシックカラーの軸にするのが安全策です。

63

chapter 03
ユニクロで「垢抜けて見える服」の選び方

膨大な量の商品が並ぶユニクロのショップで、
自分に似合う一枚を見つけるのは、とても難しいことだと
思います。クチコミがよかったから、はやっているから、
という理由で買ったものの、なんだかしっくりこなくて、
結局着なくなってしまったという声を聞きます。

そんなとき、「骨格診断」を活用すれば、
垢抜けて見えて、おしゃれな印象になる洋服を
確実に見つけることができるのです。

毎日のワードローブに欠かせない、
ベーシックなアイテムをユニクロで買うなら、
それぞれの骨格タイプの方が、
どんなところに気をつけて買えばよいのか、
実際にユニクロでどんなアイテムが見つかるのかを
詳しく紹介したいと思います。

Find clothes
suit you
by checking
your frame

01

|| T-shirt ||

Tシャツ

超定番アイテムこそ
骨格タイプで選びわけ

どの世代のどんな方にとっても身近なアイテムであるTシャツ。夏はもちろんのこと、秋冬シーズンでもインナーとして活躍してくれます。そんなTシャツは、ベーシックな服が得意なストレートタイプの方と、カジュアルなテイストが得意なナチュラルタイプの方が似合うアイテムです。カジュアルなテイストがなじまないウェーブの方は、本来Tシャツは苦手。ですが、サイズ感や素材に気をつければ、似合う一枚が見つかります。

Straight

ストレート

Tシャツらしい T シャツを
選びましょう！

厚手の素材でしっかりしている、スタンダードな T シャツを。サイズはジャストなものに。
「ユニクロ ユー クルーネック T」ホワイト／ユニクロ

ボディラインがわかるコンパクトなサイズ感のもの。
リブ素材や短めのそでを選ぶと◎。
「スーピマコットンリブクルーネック T」ライトグレー／ユニクロ

Wave

ウェーブ

女らしく見える
デザインがマスト

Natural

ナチュラル

メンズの
T シャツも OK。
ゆったりサイズを

あえてふだんよりサイズを上げて買うのがおすすめ。洗いざらし感のある素材やポケットつきも似合う。
「ユニクロ ユー クルーネック T」[メンズ]
パープル／ユニクロ

02 シャツ

Shirt

素材しだいで、どの骨格タイプも楽しめる

パリッとした王道のシャツは、ストレートの方の得意アイテム。ゆるいサイズはだらしなく見えるので、ジャストサイズを。ナチュラルの方は、風合いのある素材が似合うので、リネンシャツはぜひ取り入れて！ はやりの襟抜きシャツや、肩の落ちたビッグシルエットのシャツもスタイリッシュに着こなせます。ウェーブタイプの方は落ち感のあるやわらかな素材を選びましょう。パリッとしたシャツやザラッとしたシャツは苦手です。開襟シャツや七分そでなど、女らしいデザインがよりおすすめです。

Straight
ストレート

パリッとアイロンをかけて
着るようなシャツがぴったり

ハリのあるプレーンなシャツがとてもよく似合う。ストライプシャツもおすすめ。
「エクストラファインコットンストライプシャツ」ワイン／ユニクロ

しなやかなブラウスのような素材のシャツを。フロントを開けすぎないで着るのがよい。
「レーヨンエアリーブラウス」ライトグレー／ユニクロ

Wave
ウェーブ

サイズは
ジャストなものを！

Natural
ナチュラル

リネン素材などの
風合いが
あるものを

リネン素材やリネン風の素材のシャツが肌の質感にマッチ。あえて大きいサイズを選択。
「プレミアムリネンシャツ」ホワイト／ユニクロ

Find clothes
suit you
by checking
your frame

03

‖ Blouse ‖

ブラウス

ブラウスは、シルエットと素材が肝

　ブラウスは薄手の素材で女らしいデザインが多いので、ウェーブの方が味方につけたいアイテム。ただし、ビッグシルエットは避けるのが賢明です。ストレートの方は、本来パリッとしたシャツのほうが得意なので、ブラウスを選ぶときはなるべく肉厚な素材を選ぶのがコツ。ナチュラルの方は、ウエストシェイプのないボックスシルエットを。布をたっぷり使ったカジュアルなブラウスもよく似合います。

Straight
ストレート

**厚みがあり
透けない生地がマスト！**

すっきりとしたVネックも◎。デコルテ周りに装飾があると着ぶくれするので注意。
「ドレープVネックブラウス」ライトグレー／ユニクロ

胸元のフリルデザインは顔周りを華やかに。そでコンシャスブラウスも得意なアイテム。
「レーヨンカシュクールブラウス」ネイビー／ユニクロ

Wave
ウェーブ

**ソフトな素材&フリルつきの
女らしいものを**

Natural
ナチュラル

**体にタイトフィット
しないシルエットを
選ぶことが大事**

一見女らしいブラウスでも、ボックスシルエットやゆるめシルエットなら、ナチュラルに似合う。
「レースノースリーブT」ホワイト／ユニクロ

71

04 One-Piece
ワンピース

どのタイプも似合うワンピース。長さが選びの基本に！

平日にも休日にも重宝するワンピースは、どの骨格の方も似合うものが見つかりやすいアイテムです。垢抜けて見える一枚を選ぶときに、いちばんの基準になるのが着丈。自分が生まれもった骨格の特徴を美しく見せてくれる着丈を選びましょう。ストレートタイプの方なら、ひざ下がきれいなのでひざ丈がベスト。ウェーブタイプの方は、ひざ上丈のほうが脚全体をほっそりと見せてくれます。ナチュラルタイプの方は、長めの丈を着るとバランスが整います。また、肌を出さないことで、かえって体がすっきり見えます。

Straight
ストレート

膝丈のシンプルなIラインは
似合うワンピの鉄板

そでがあるものを選ぶなら、短すぎない半
そでか、長そでがおすすめ。
「ドレープワンピース」ブラック／ユニクロ

短い丈が好みでないなら、ふくらはぎ丈も
似合う丈。形はAラインもおすすめ。
「3Dコットンフィット＆フレアドレス」ネイビー／ユニクロ

Wave
ウェーブ

短め丈のフィット＆フレアが
体のバランスをアップ

Natural
ナチュラル

長め丈、カジュアル、
ゆったりシルエットが
三大条件！

ビッグシルエットやドロップ
ショルダーのワンピースがい
ちばん似合うのはナチュラル
タイプ。
「ベルテッドTワンピース」ブルー／
ユニクロ

Find clothes suit you by checking your frame

05 ‖ Skirt ‖
スカート

スカートの中でもタイトスカートは、どの骨格タイプにも似合う優秀なシルエットです。フレアスカートになってくると、ウェーブは大の得意ですが、ストレートは苦手。ストレートの人は腰位置が高く、体に奥行きがあるので、Aラインのスカートをはくと、太って見えてしまいがち。そこで工夫したいのが素材です。ハリのある素材にすれば、問題なくはけるようになります。優先順位がいちばん高いのは"素材"という理由はこういう点にあります。ナチュラルは長めの丈のものを選びましょう。

タイトスカートはどの骨格にも似合う

Straight
ストレート

肉感的な体をカバーする ハリのある素材が絶対！

右のフレアスカートは、ウエスト周りにボリュームが出ないすっきりデザインが秀逸。
左：「ポンチペンシルスカート」ブラック・右：「ハナタジマ フレアロングスカート」ピンク／ユニクロ

レースや柄など、フェミニンなタイプを。
左：「レースフレアスカート」グリーン・右：「サーキュラースカート」ブラック・ギンガムチェック／ユニクロ

Wave
ウェーブ

フレアスカートを 選べば間違いなし

Natural
ナチュラル

スカートでもほんのり カジュアル感や ナチュラル感が漂うものを

タイトスカートだけでなく、すそがすぼまらないストレートシルエットも似合う。
左：「レーススカート」ホワイト・右：「ハイウエストコットンローンスカート」ネイビー／ユニクロ

75

<small>Find clothes suit you by checking your frame</small>

06 ‖ Pants

パンツ

着こなしの土台になる
パンツは自分にぴったりの一本を

腰位置の高いストレートの方は、パンツが得意。ウエスト周りにタックがあるもの、ゆとりがあるものは着ぶくれしてしまうので、シュッとしたシルエットのものを選ぶといいでしょう。ウェーブタイプは、パンツが似合わないと思っている方も多いかもしれません。その場合は、足首を出したり、やわらかな素材を選んだり、トップスで目線を上げたりすることでバランスよくはくことができるようになります。ナチュラルはどんなデザインでもはけるタイプですが、パンツ丈は長い方がしっくりきます。

Straight
ストレート

ノータックのパンツで
ウエスト周りすっきり

きちんと見える定番の形を選んで。かっちり感が高まるセンタープレスも◎。
左:「EZY アンクルパンツ」ワイン・右:「ドライストレッチクロップドパンツ」ホワイト／ユニクロ

丈が短めのほうがより似合う。フェミニンなスカーチョも得意。
左:「ポンチスティックスリムパンツ」ダークグレー・右:「ドレープワイドパンツ」ホワイト／ユニクロ

Wave
ウェーブ

ストレッチ&ソフトな
素材で女らしく

Natural
ナチュラル

ワイドがいちばん似合う!
マニッシュな
ツータックもおすすめ

幅の太いモードなワイドパンツもかっこよく着こなせる。カジュアルなチノパンもよく似合う。
左:「ポンチタックワイドパンツ」ブラック／ユニクロ・右:「コットンテーパードアンクルパンツ」ホワイト／ユニクロ

77

Find clothes suit you by checking your frame

07 Cardigan
カーディガン

種類豊富なカーディガン。
骨格で選べば迷わない

トップスの上にはおるだけでなく、前ボタンを留めてニット代わりに着たり、巻物代わりに使ったり、コーディネートに役立つカーディガン。いちばん似合うのは、女性らしいテイストが得意なウェーブタイプ。コンパクトなサイズや体にフィットするリブ素材、薄手の生地を選ぶと、より垢抜けて見えます。ナチュラルタイプは、長め丈を選ぶのがマスト。ハイゲージだけでなく、ローゲージも似合います。前ボタンのないトッパータイプもおすすめ。上半身にボリュームのあるストレートタイプは、ハイゲージでオーソドックスな着丈、Vネックですっきり見せましょう。

Straight ストレート

デコルテをすっきり
見せるVネック

実はカーディガンが苦手なストレートタイプ。
肩にかけて使ってみるのもおすすめ。
「UVカットVネックカーディガン」イエロー／ユニクロ

ショート〜標準丈のハイゲージを。ボタンがキラキラしている華やかなタイプもOK。
「UVカットクルーネックカーディガン」パープル／ユニクロ

Wave ウェーブ

クルーネックの
コンパクトサイズを！

Natural ナチュラル

ロングカーディガンは
通年活用したい
おすすめアイテム

ゆったり、ざっくりとしたロングカーディガンがよく似合うタイプ。リネンニット素材も◎。
「UVカットドルマンスリーブロングカーディガン」ライトグレー／ユニクロ

08 | Denim |
デニム

シルエットと色味の濃淡がカギ！

ジーパンやGジャンなどのデニムアイテムは、しっかりとした生地感で、ラフなおしゃれさを演出できるのが魅力。ヴィンテージ感だったり、ダメージ感だったり、はきこんだ風合いのあるデニムをはくと垢抜けて見えるのはナチュラルタイプ。きれいめなインディゴデニムでは、少し物足りない感じがしてしまいます。一方、きれいめが似合うのは正統派なアイテムを身につけると垢抜けるストレート。色が薄くなると、だらしなく見えます。ウェーブタイプは綿100%の地厚デニムよりも、ストレッチがきいた薄手の細身デニムを選ぶのがおすすめです。

Straight ストレート

色も形もきれいめなものを
選ぶのがコツ

厚みとハリがあり、ダークカラーのものを。
色の薄さは、ワンウォッシュ程度にとどめて。
「ハイライズシガレットジーンズ」ネイビー／ユニクロ

厚手の生地が苦手なので、本来デニムは得意
ではないタイプ。ハイストレッチのものを選んで。
「ウルトラストレッチジーンズ」ブルー／ユニクロ

Wave ウェーブ

スキニーかデニム見え
パンツがおすすめ

Natural ナチュラル

ラフなテイストの
デニムをはくと
こなれて見える！

きれいめなデニムより、ダメージ
加工や色落ち加工がしてあるもの
のほうがおしゃれに見える。
「J.W. アンダーソン ハイライズストレート
ジーンズ」ブルー／ユニクロ

81

Find clothes suit you by checking your frame

09 ‖ Jacket ‖
ジャケット

似合うデザインはそれぞれ明確にわかれています

仕事やきちんと感を求められるシーンに頼れるジャケット。似合わないデザインを着ると、やけにかしこまって見えて、「今日、なにかあるの?」と言われてしまったり、服に着られているように見えてしまったりすることもあるので、しっかり選びましょう。Vゾーンの深さ、着丈、ウエストシェイプの有無など、骨格別にそれぞれの体に合うポイントを押さえておけば、ジャケットがサマになり、おしゃれに見えますよ。

Straight ストレート

Vゾーンが深めの
シングルテーラード

ジャケットをはおると、かっこよさが増すストレート。ノーカラーのV開きジャケットも◎。
「イネス・ド・ラ・フレサンジュ ウールブレンドジャケット」ネイビー／ユニクロ

着丈は腰骨くらいの短めのものが似合う。
V開きタイプなら浅めのデザインがおすすめ。
「スエードノーカラージャケット」ブラウン／ユニクロ

Wave ウェーブ

ノーカラー＆短め丈、
ウエストシェイプありを

Natural ナチュラル

Vゾーンの深さは標準。
長め丈、ボックス
シルエットを。

サファリジャケットや、マニッシュなダブルブレストのジャケットでおしゃれに。
「ユニクロ ユー サファリジャケット」ネイビー／ユニクロ

83

10 ニット

Find clothes suit you by checking your frame

Knitwear

秋冬になるとユニクロのショップにもニットがズラーっと並びます。ストレートタイプがおしゃれに見えるニットは、細い糸を使ったハイゲージのもの。プレーンなデザインを選ぶとよいでしょう。ウェーブタイプがおしゃれに見えるのは、細めの糸ながら、毛足感や、リブの凹凸感がある編み方をしたニット。ナチュラルタイプがおしゃれに見えるのは、太い糸を使ったざっくりニットや太いリブ編みのニットになります。その上で、クルーネック、Ｖネック、タートルネックなど似合うネックラインのものを選ぶとよいでしょう。

秋冬のヘビロテアイテム。糸の太さで垢抜ける！

Straight
ストレート

ジャストサイズを着ると体がすっきり見える

ネックラインは丸首でもよいけれど、Ｖネックやボトルネックの方がより似合う。

左：「エクストラファインメリノＶネックセーター」グリーン・右：「リブハイネック」ダークグレー／ユニクロ

首元が詰まりすぎていないニットが◎。

左：「イネス・ド・ラ・フレサンジュ カシミヤリボンタイセーター」レッド・右：「ユニクロ ユー 3D エクストラファインメリノリブクルーネックセーター」ホワイト／ユニクロ

Wave
ウェーブ

デザイン性のあるニットで着映え効果を狙って

Natural
ナチュラル

ざっくりとカジュアルなニットをチョイス

クルーネックやタートルネックが似合う。薄手ならゆったりサイズを選ぶのがおすすめ。

左：「コットンカシミヤケーブルボートネックセーター」ライトグレー・右：「プレミアムラムハイネックチュニック」グリーン／ユニクロ

85

Find clothes suit you by checking your frame

11 コート

|| Coat ||

全身を覆うコートこそ骨格に合うものを

面積が大きく、体全体を覆うコート。コートを着ている姿は、多くの方に見られるものなので、骨格に合うデザインを身につけることが重要です。ストレートタイプは、かっちりとしたトレンチコートがよく似合います。持っていなければ買い足してもいいと思えるほど。きちんと感のあるチェスターコートやスタンドカラーコートもおすすめ。ウェーブタイプは、軽やかなショートコートがぴったり。ファーやムートンなど、起毛感のある素材のコートも似合います。ナチュラルはメンズライクなコートを着くずして着ることで、持ち味のスタイリッシュさが生きてきます。

Straight
ストレート

冒険をしない正統派な
デザインでかっこよく

上質な素材のものを選ぶことも大事。
ウエストをギュッと絞るラップコートも◎。
「ライトウールブレンドテーラードコート」グレー／
ユニクロ

もしトレンチが着たいなら、素材のやわら
かい"テロンチ"を選んで。
「ツイードニットコート」グレー／ユニクロ

Wave
ウェーブ

丈は長くても
ふくらはぎまでに留めて

Natural
ナチュラル

長いコートを
バサッとはおって
こなれた印象に

マニッシュなコートがフレーム
感のある体にマッチ。カジュア
ルなコートもOK。
「イネス・ド・ラ・フレサンジュ ツイー
ドコート」グレー／ユニクロ

87

12 ダウン

Find clothes suit you by checking your frame

‖ Puff Coat ‖

ユニクロといえばのダウンを制してカジュアル上手に

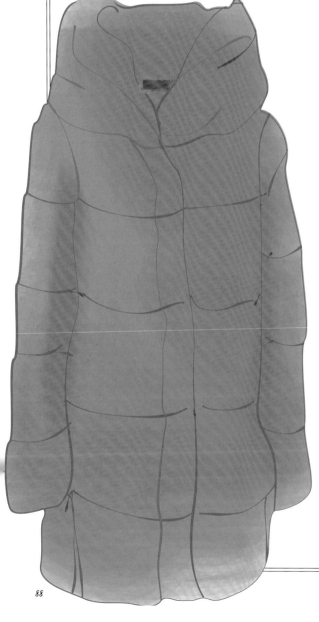

ひと口にダウンといっても、ちょっとしたボリューム感や生地感の選び方の差で、垢抜けるか、ほっこり見えるか——大きく変わってくるものです。ストレートは、ダウンを着ると体が大きく見えやすいタイプ。ショート丈やロング丈より、標準的な着丈に。きれいめなデザインを厳選してください。ウェーブは、短めがよいですが、もしロング丈を着たいなら、ウエストをギュッと結べるタイプに。ナチュラルはカジュアルなものが得意なので、ダウンはよく似合います。ダウン特有の光沢感が控えめなものがよりおすすめです。

Straight
ストレート

しっかりとした生地感の
標準丈のダウン

ボリュームのある服をまとうと着ぶく
れしやすいので、すっきりシルエット
を。フードはなくてもOK。
「シームレスダウンコート」ネイビー／ユニクロ

顔周りを華やかに見せたいので、フードは必
須条件。エレガントなファーつきデザインも◎。
「ウルトラライトダウンシームレスパーカ」ライトグレー／ユニクロ

Wave
ウェーブ

分厚すぎないダウンが
ウェーブの味方に

Natural
ナチュラル

ファーつきの
ダウンも
よく似合う！

ボリュームのある服でも着ぶくれし
ないので、ゆったりめ＆長めのリ
ラックス感が漂うデザインを。
「ライトウエイトダウンフーデットコート」ブ
ラック／ユニクロ

89

Find clothes suit you by checking your frame

Swimwear

水着

番外編

水着は似合うテイストをヒントに

生まれもった骨格があらわになってしまう水着は、自分の長所をいかせる選び方をしたいもの。3タイプそれぞれに似合うイメージをひと言で伝えるとしたら、ストレートは大人セクシー系、ウェーブはキュート系、ナチュラルはスポーティ系の水着です。ビキニがいちばん似合うのはどの骨格タイプだと思います？　実は、きれいめできちんとした服装が似合うストレートタイプなんですよ。だから、水着を着る機会の多いグラビア女優さんに、ストレートタイプが多いのもうなずけます。

Straight
ストレート

オーソドックスで
シンプルなデザインを

シンプルであれば、ワンピースもビキニもどちらもOK。コントラスト配色の大柄も◎。
左：「プリンセス タム・タム スイムワンピース」レッド・右：「プリンセス タム・タム スイムトライアングルブラ・スイムショーツ」ブラック／ユニクロ

ワンピースはNG。ビキニタイプを選んで。
左：「プリンセス タム・タム スイムバンドゥブラ・スイムショーツ」ネイビー・右：「プリンセス タム・タム スイムホルターネックブラ・スイムショーツ」グリーン／ユニクロ

Wave
ウェーブ

リボンやドットなど
かわいらしいデザインを

Natural
ナチュラル

甘くなければ
ワンピースも
ビキニも着られる

スポーティーなデザインがおしゃれに決まるタイプ。水着によくあるボタニカル柄もおすすめ。
左：「ユニクロ ユー スイムブラ・スイムショーツ」ブラック・右：「プリンセス タム・タム スイムワンピース」ホワイト／ユニクロ

91

chapter 04
垢抜けコーデをつくる、ユニクロの最強ワードローブ

骨格診断で考える、ユニクロでの洋服の選び方がわかったら、
今度は実際に、各骨格タイプを垢抜けて見せる
ワードローブを使い、着回しの実例を紹介していきます。

洋服はユニクロのものだけを使って、
1年中毎日おしゃれな組み合わせを楽しめる様子を
見ていただこうと思います。

各骨格タイプともコーディネートは、
きちんとしたシーンに着られるきれいめなテイストから、
デニムを使ったカジュアルなテイストまで
網羅しています。

骨格診断のメソッドを使えば、
身近で買いやすいユニクロの洋服を使いながら
自分に似合うおしゃれが叶うのです。

ユニクロで見つける、"ストレートタイプ"に

ストレートタイプのよさを引き出す、春夏のきれいめアイテムをセレクト。似合うもの同士を組み合

A 「ユニクロ ユー クルーネックT」ホワイト/ユニクロ　B 「エクストラファインコットンストライプシャツ」ワイン/ユニクロ　C 「ドレープVネックブラウス」ライトグレー/ユニクロ　D 「UVカットVネックカーディガン」イエロー/ユニクロ

似合う春夏ワードローブはコレ！

わせた着回しコーディネートを紹介します。

E「ドレープワンピース」ブラック/ユニクロ　F「ハナ タジマ フレアロングスカート」ピンク/ユニクロ　G「ポンチペンシルスカート」ブラック/ユニクロ　H「EZY アンクルパンツ」ワイン/ユニクロ　I「ドライストレッチクロップドパンツ」ホワイト/ユニクロ

1
Ａ ＋ Ｈ
Tシャツをきれいめに
コーディネート

ストレートタイプなら、スカーフを取ってもサマになる。スカーフ ¥16,000（フラッパーズ〈マニプリ〉）　ピアス ¥8,556・ブレスレット ¥4,862（アビステ）バッグ・靴／私物

2
B + F

フレアスカートは、
得意のハンサムシャツと

3
D + E

シンプルなワンピースを
盛らずに着るほうが垢抜ける

フレアスカートは、ストレートらしいパリっとしたシャツでかっこよく仕上げるのが正解。イヤリング ¥1,700（サンポークリエイト〈アネモネ〉） バッグ ¥32,000（ティースクエア プレスルーム〈モダルー〉） ブレスレット／1と同じ　靴／私物

すっきり感が要。サングラス ¥45,000（オプティカルテーラー クレイドル 青山店〈ネイティブ サンズ〉） 時計 ¥59,000（シチズンお客様時計相談室〈シチズン クロスシー〉） バッグ ¥6,800（ザ・スーツカンパニー 銀座本店〈ディ スティル〉）　靴／私物

/ 4

[C] + [G]
ストレートが女っぽく
するならこんな装い

/ 5

[B] + [I]
シャツ×細身パンツ。
似合う王道コンビ！

デコルテの開いたブラウスとタイトスカートで、女らしさが際立つ。イヤリング￥11,000（アビステ）時計￥220,000（シチズンお客様時計相談室〈ザ・シチズン〉）靴￥27,593（銀座かねまつ6丁目本店〈銀座かねまつ〉）　サングラス・バッグ／3と同じ

きちんと感のある装いを意識。眼鏡￥48,000（オプティカルテーラー クレイドル 青山店〈ディータ〉）時計￥79,000（シチズンお客様時計相談室〈シチズン クロスシー〉）靴￥13,500（ダイアナ 銀座本店〈ダイアナ〉）　ピアス／1と同じ バッグ／2と同じ

デニムを投入した休日コーデ

A ストレートらしいデニムスタイル！

ストレートラインの美脚デニム。「ハイライズシガレットジーンズ」ネイビー／ユニクロ

D Vネックカーディガンをトップス代わりに

Straight

/ 6

Tシャツ×デニムのミニマムな着こなしがサマになる。デニム／上と同じ　イヤリング￥5,250（アビステ）　バングル￥1,600（サンポークリエイト〈アネモネ〉）　バッグ￥20,000（フラッパーズ〈マニプリ〉）　サングラス／3と同じ　靴／私物

/ 7

カーディガンの前ボタンをすべて留め一枚で。ストレートの場合は、インにTシャツを着ないほうがすっきり。胸元が深めに開いていても品よく見えるのもこのタイプの特徴。デニム／上と同じ　時計／3と同じ　イヤリング／4と同じ　バッグ・靴／私物

秋冬ワードローブを投入！

J「エクストラファインメリノ Vネックセーター」グリーン／ユニクロ　K「リブハイネック T」ダークグレー／ユニクロ　L「イネス・ド・ラ・フレサンジュ ウールブレンドジャケット」ブルー／ユニクロ　M「ライトウールブレンドテーラードコート」グレー／ユニクロ　N「シームレスダウンコート」ネイビー／ユニクロ

8

A + G + N

白×黒×ネイビー。
コントラスト配色も得意

盛りすぎると、老けて見えるので注意して。ネックレス ¥7,778（アビステ）　バッグ ¥26,000（ティースクエア プレスルーム〈モダルー〉）　サングラス／3と同じ

9

[I]+[K]+[M]

ボトルネックで
今どき感をトッピング

10

[H]+[J]

ストレートの腰位置の
高さをアピール

コートのインナーとして着るなら、タートルネックよりも、ボトルネックがおすすめ。ピアス ¥8,500〈アビステ〉　グローブ ¥28,000〈真下商事〈デンツ〉〉　バッグ ¥16,250〈ティースクエア プレスルーム〈フィオレッリ〉〉　時計・靴／4と同じ

ストレートタイプは腰位置が高くヒップラインがきれいなので、ストレートラインのパンツがよく似合う。ニットのすそは、インしても、アウトしてもOK。靴 ¥18,000〈凛〈ケースイス〉〉　時計／3と同じ　眼鏡／5と同じ　ネックレス／8と同じ　バッグ／私物

11

F + K + L

仕上げにジャケットを
はおると装いがキマる！

カチッとしたジャケットを得意とするストレートタイプ。どんなコーディネートでも、仕上げにジャケットを着れば、垢抜けた雰囲気に仕上がる。フレアスカートでほんのり女らしさを。イヤリング／4と同じ　バングル／6と同じ　バッグ・靴／私物

12

E + M

ストレートタイプの
華やかなお出かけスタイル

スタイルのよさが際立つ、ひざ丈のIラインワンピース。ストレートは、アクセサリーを控えめにしても、十分ゴージャスな印象が叶う。靴 ¥14,000（ダイアナ銀座本店〈ダイアナ〉）　時計／3と同じ　グローブ・バッグ／9と同じ　イヤリング／6と同じ

13

| I | + | J | + | N |

ダウンもきれいめに
着るのがストレートらしい

ともすれば着ぶくれして見えがちな、ボリューミーなダウンは、インにVネックニットを着ることですっきり見せて。ダウンを着る日でも、パンプスを合わせて上品に。サングラス・バッグ／3と同じ　靴／4と同じ　ピアス／9と同じ

14

| G | + | K |

ストレートに似合う
鉄板スカートコーデ

ひざ下丈の長めタイトスカート×ショートブーツがきれいにキマるのは、ひざ下がきれいなストレートならでは。靴 ¥23,000〈サン・トロペ〈ヴィーセヴン・トゥエルヴ・サーティ〉〉　時計／5と同じ　イヤリング／2と同じ　バッグ／8と同じ

デニムを投入した休日コーデ

B + L
ダークカラーのデニムを
ネイビートーンでまとめて

デニム／P99と同じ

J + M
デニムスタイルも、
クラス感を忘れずに！

15
装いの基本は「Simple is Best」。デニム／上と同じ　バッグ ¥11,000〈レイジースーザン 新宿ミロード店〈レイジースーザン〉〉　靴 ¥46,000〈ゲストリスト〈ルチェンティ〉〉　ピアス／1と同じ　眼鏡／5と同じ　ネックレス／8と同じ

16
ラフに着くずしすぎると、だらしなく見えてしまうストレート。休日は、"大人のカジュアル感"を意識するとうまくいく。デニム／上と同じ　スカーフ ¥18,000〈フラッパーズ〈マニプリ〉〉　時計／4と同じ　イヤリング／6と同じ　バッグ・靴／私物

ユニクロで見つける、"ウェーブタイプ"に

ウェーブタイプのよさを引き出す、春夏の華やかアイテムをセレクト。似合うもの同士を組み合

A「スーピマコットンリブクルーネックT」ライトグレー／ユニクロ　B「レーヨンエアリーブラウス」ホワイト／ユニクロ　C「イネス・ド・ラ・フレサンジュ　レーヨンカシュクールブラウス」ネイビー／ユニクロ　D「UVカットクルーネックカーディガン」パープル／ユニクロ　E「3Dコットンフィット＆フレアドレス」ネイビー／ユニクロ

似合う春夏ワードローブはコレ！

わせた着回しコーディネートを紹介します。

F 「レースフレアスカート」グリーン／ユニクロ　G 「サーキュラースカート」ブラック・ギンガムチェック／ユニクロ　H 「ドレープワイドパンツ」ホワイト／ユニクロ　I 「ポンチスティックスリムパンツ」ダークグレー／ユニクロ

2

B + D + I

カーディガンを肩に
かけて華やかさを上昇

3

E

シンプルワンピは
小物で足し算

コーデが物足りないとき、カーディガンを肩にかけるのは使えるテクニック。イヤリング ¥20,000（アビステ） バングル ¥1,900（サンポークリエイト〈アネモネ〉） バッグ ¥25,000（エス.アイ.エム〈カヴァリエール〉） 靴 ¥14,000（ダイアナ 銀座本店〈ダイアナ〉）

ウェーブタイプの着こなしは、足し算スタイルが基本。小物で遊んで。バッグ ¥41,482・靴 ¥18,334（銀座かねまつ6丁目本店〈銀座かねまつ〉） ストール ¥22,000（リーミルズ エージェンシー〈ジョン スメドレー〉） チョーカー・時計／1と同じ

4

B + G

ギンガムチェックで
キュートなモノトーン

ウェーブタイプがシックなモノトーンスタイルにするときは、ギンガムチェックやフレアスカートなど、華やかさのあるアイテムを活用。ピアス ¥1,600・ネックレス ¥1,600（サンポークリエイト〈アネモネ〉）時計・バッグ／**1**と同じ 靴／**2**と同じ

5

A + H

得意のフィット＆
フレアシルエット

ワントーンも◎。眼鏡 ¥33,000（オプティカルテーラー クレイドル 青山店〈アイヴァン〉） ネックレス ¥2,300（サンポークリエイト〈アネモネ〉） バッグ ¥35,000（ADINA MUSE SHIBUYA〈アディナ ミューズ〉） 靴 ¥14,000（ダイアナ 銀座本店〈ダイアナ〉）

[デニムを投入した休日コーデ]

D
デニムを着るときは
特に"盛り"を意識

C
装飾のあるフリルブラウスで
ソフト&華やかに

女らしい印象のウェーブに似合うスキニー。「ウルトラストレッチジーンズ」ブルー/ユニクロ

/ 6

シンプルにまとめると貧相に見えてしまう。デニム/上と同じ　サングラス ¥35,000（オプティカルテーラー クレイドル 青山店〈BJ クラシック〉）　バッグ ¥21,000（エス.アイ.エム〈カヴァリエール〉）　時計/1と同じ　ネックレス/4と同じ　靴/私物

/ 7

甘い服でも甘く見えすぎないのがウェーブの特徴。デニム/上と同じ　ピアス ¥2,600（サンポークリエイト〈アネモネ〉）　時計 ¥25,000（シチズンお客様時計相談室〈シチズン キー〉）　靴 ¥16,000（ダイアナ 銀座本店〈タラントン by ダイアナ〉）　バッグ/5と同じ

秋冬ワードローブを投入！

J「イネス・ド・ラ・フレサンジュ カシミヤリボンタイセーター」レッド／ユニクロ　K「ユニクロ ユー 3D エクストラファインメリノリブクルーネックセーター」ホワイト／ユニクロ　L「スエードノーカラージャケット」ブラウン／ユニクロ　M「ツイードニットコート」グレー／ユニクロ　N「ウルトラライトダウンシームレスパーカ」ライトグレー／ユニクロ

8

I + K + L

まろやか配色は
ウェーブにぴったり

起毛感のあるスエードジャケットが顔周りを華やかにしてくれる。ピアス ¥1,500〈サンポークリエイト〈アネモネ〉〉
バッグ ¥16,000〈フラッパーズ〈メゾン ヴァンサン〉〉　ストール／3と同じ　サングラス／6と同じ

9

|G| + |J|

ウェーブらしい
王道きれいめコーデ

ボウタイでバランスを上に。ピアス ¥3,000〈アビステ〉 ファーティペット ¥39,000〈ティースクエア プレスルーム〈コンピレーション〉〉 バッグ ¥12,000〈アルアバイル〈ルル・ウィルビー〉〉 靴 ¥30,371〈銀座かねまつ6丁目本店〈銀座かねまつ〉〉

10

|H| + |K| + |M|

コートもパンツも
ソフトな素材がカギ

やわらかな素材を身につけることで垢抜ける。ハリのある素材を着ると、服に着られてしまう感じになるので注意。靴 ¥18,334〈銀座かねまつ6丁目本店〈銀座かねまつ〉〉 ストール／3と同じ 眼鏡／5と同じ ピアス／9と同じ バッグ／私物

11

E + N

ショート丈のダウンで
バランスアップ

12

I + J + M

辛口が好みなら、
素材をやわらかく！

Wave

短めの丈のダウンで脚長バランスを狙って。ダボッとしたシルエットのアイテムを身につけると、野暮ったく見えるので、ダウンはコンパクトサイズを選ぶのが正解。ネックレス／4と同じ　サングラス／6と同じ　靴／9と同じ　バッグ／私物

辛口な着こなしが好みのウェーブタイプが目ざしたい着こなし。一見、ハンサムなテイストでも、素材はやわらかく、ディテールはフェミニンなものをチョイスするのがコツ。帽子 ¥14,000（ANAYI）　靴／1と同じ　バッグ／2と同じ　時計／7と同じ

13

F + K

華奢な服がウェーブの よさを引き出して

14

A + I + N

グラデーション配色で ダウンをフェミニンに

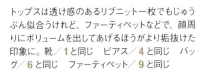

トップスは透け感のあるリブニット一枚でもじゅうぶん似合うけれど、ファーティペットなどで、顔周りにボリュームを出してあげるほうがより垢抜けた印象に。靴／1と同じ　ピアス／4と同じ　バッグ／6と同じ　ファーティペット／9と同じ

ライトグレーのTシャツ&ダウン、ダークグレーのパンツ…。洋服をグレーのグラデーションに。カジュアルになりがちなダウンの着こなしは、配色で女らしさを意識して。時計／1と同じ　ストール／3と同じ　靴／5と同じ　ピアス／9と同じ

[デニムを投入した休日コーデ]

J + L
パリジェンヌ風な
デニムスタイル

B + M
ウェーブのシンプル服は
素材選びに工夫

デニム／P111と同じ

Wave

/ 15

/ 16

ニット一枚で着るなら、装飾のあるデザインを選ぶのがおすすめ。パリジェンヌを彷彿とさせる、キュートなテイストもよく似合う。デニム／上と同じ　ピアス¥1,800（サンポークリエイト〈アネモネ〉）　靴／7と同じ　バッグ／1と同じ

シャツ×デニム×コートのごくシンプルな装いなら、素材のやわらかさ、薄さは死守。そうすることで、物足りない印象を回避できる。デニム／上と同じ　靴¥27,593（銀座かねまつ6丁目本店〈銀座かねまつ〉）　時計／1と同じ　サングラス／6と同じ　ピアス・バッグ／8と同じ

ユニクロで見つける、"ナチュラルタイプ"

ナチュラルタイプのよさを引き出す、春夏の洗練アイテムをセレクト。似合うもの同士を組み

A「ユニクロ ユー クルーネックT」[メンズ] パープル/ユニクロ　B「プレミアムリネンシャツ」ホワイト/ユニクロ　C「レースノースリーブT」ホワイト/ユニクロ　D「UVカットドルマンスリーブロングカーディガン」ライトグレー/ユニクロ

に似合う春夏ワードローブはコレ！

合わせた着回しコーディネートを紹介します。

E「ベルテッドTワンピース」ブルー／ユニクロ　F「レーススカート」ホワイト／ユニクロ　G「ハイウエストコットンローンスカート」ネイビー／ユニクロ　H「コットンテーパードアンクルパンツ」ホワイト／ユニクロ　I「ポンチタックワイドパンツ」ブラック／ユニクロ

1

B + D + I

ロング×ロングは
ナチュラルの得意コンビ

ロング丈のカーディガンに、レングスが長くゆったりとしたパンツを合わせるのは、ナチュラルタイプの王道コーデ。そでをキュッとラフにたくし上げるのも似合う。ピアス ¥1,700（サンポークリエイト〈アネモネ〉）　バングル ¥7,250（アネモネ）　バッグ・靴／私物

2

[C]+[F]
ナチュラルに似合う
ドレッシーな装い

3

[E]
ウエストをシェイプせず、
すとんと着るのが◎

Natural

ボックスシルエットのトップス×ストレートラインのスカートのセットアップ。ピアス¥3,889・バッグ¥20,000（アビステ）　時計¥78,000（シチズンお客様時計相談室〈シチズン クロスシー〉）　靴¥27,593（銀座かねまつ6丁目本店〈銀座かねまつ〉）

ナチュラルタイプ特有の骨感をきれいにカバーしてくれる、ゆったりシルエット&ロング丈のワンピース。リラックス感漂う旬の小物を合わせると、ナチュラルタイプのスタイリッシュな持ち味がいきる。バングル／1と同じ　帽子・バッグ・靴／私物

4

A + D + H

困ったときは、
ロングカーディガン頼り

5

B + G

女っぽく見せたいときの
おすすめコーデ

ふつう丈のカーディガンを着ると、アンバランスに見えてしまうのが、ナチュラルタイプの特徴。眼鏡¥32,000（オプティカルテーラー クレイドル 青山店〈BJ クラシック〉） ネックレス ¥9,000（アビステ） バッグ ¥26,000（SAZABY） 靴／**2**と同じ

体が泳ぐようなゆとりのあるサイズを着ると、逆に女っぽく見せることができる。時計 ¥230,000（シチズンお客様時計相談室〈ザ シチズン〉） バッグ ¥22,000（エス．アイ．エム〈カヴァリエール〉） ピアス／**1**と同じ 靴／私物

デニムを投入した休日コーデ

C
ナチュラルがレースを着るとスタイリッシュに

色落ち&太めラインのメンズライクな一枚。「J.W. アンダーソン ハイライズストレートジーンズ」／ユニクロ

A
ファッション誌のような、こなれスタイル

Natural

6
甘い印象のレースも、ナチュラルが着ると、垢抜けてかっこよく見える。デニム／上と同じ　サングラス ¥32,000（オプティカルテーラー クレイドル青山店〈オーデン〉）　バッグ ¥35,000（エス.アイ.エム〈カヴァリエール〉）　時計／2と同じ　帽子・靴／私物

7
大きめシルエットが◎。デニム／上と同じ　ポシェット ¥5,900（キャセリーニ〈ル・ベルニ〉）　トートバッグ ¥1,900（L.L.Bean カスタマーサービスセンター〈L.L.Bean〉）　ブレスレット ¥2,800（サンポークリエイト〈アネモネ〉）　靴／2と同じ　帽子／私物

秋冬ワードローブを投入！

J「プレミアムラムハイネックチュニック」グリーン／ユニクロ　K「コットンカシミヤケーブルボートネックセーター」ライトグレー／ユニクロ　L「ユニクロ ユー サファリジャケット」ネイビー／ユニクロ　M「イネス・ド・ラ・フレサンジュ ツイードコート」グレー／ユニクロ　N「ライトウエイトダウンフーデットコート」ブラック／ユニクロ

8

H + J + M

メンズライクが
しっくりハマる！

コート、ニット、パンツ…すべてビッグシルエットでもサマになるのがナチュラルタイプ。ピアス ¥2,300
（サンポークリエイト〈アネモネ〉）　ブレスレット／7と同じ　眼鏡／4と同じ

Natural

9

[G] + [K] + [N]

ケーブルニットで
ガーリーな装い

カジュアルスタイルが似合うというイメージのあるナチュラル。実は、ガーリーな着こなしも得意。ケーブルニット×フレアスカートで、かわいらしく仕上げて。靴￥23,500（ダイアナ 銀座本店〈ダイアナ〉）　ピアス／**1**と同じ　バッグ／私物

10

[B] + [I]

上下ともゆったり
サイズでもおしゃれ

ゆったりサイズが垢抜けの秘訣。ストール￥7,800（ザ・スーツカンパニー 銀座本店〈ディスティル〉）　バッグ￥16,000（センゾー トーキョー〈メゾ〉）　靴￥23,000（ティースクエア プレスルーム〈デイト〉）　サングラス／**6**と同じ

11

F + L

サファリテイストは
大の得意!

マニッシュ&カジュアルなサファリジャケットを、レーススカートで女らしくコーディネート。ジャケットのフロントは、ラフに開けて着てもOK。ピアス¥1,800(サンポートクリエイト〈アネモネ〉)　バングル／1と同じ　バッグ／5と同じ　靴／10と同じ

12

A + I + M

きれいめスタイルは
メンズライクを意識

ナチュラルタイプがきちんとした格好をするときは、メンズライクなコーディネートをすると◎。かっちりと仕上げても、スタイリッシュでおしゃれな雰囲気が漂う。ピアス・靴／2と同じ　バッグ・眼鏡／4と同じ

Natural

13

H + K + N

ラフな着こなしが
ナチュラルをかっこよく

14

G + J

オーバーサイズの
ニットを味方につけて

体のフレームがしっかりしているから、ボリュームのある服を着ても"服に着られている感じ"は皆無。"ガラ・グローブス"のグローブ ¥10,000・"ペリーコ"の靴 ¥48,000（アルアバイル）　レザーバッグ／4 と同じ　トートバッグ／7 と同じ　ストール／10 と同じ

ビッグシルエットのニットと、生地をたっぷりと使ったスカート。体の骨感を隠す、ゆったりとした服を着ることで、かわいらしい印象が手に入る。ニットもゆるっとスカートにインして。ピアス／1 と同じ　時計／5 と同じ　靴／9 と同じ　帽子・バッグ／私物

デニムを投入した休日コーデ

[K]+[L]
大人かっこいいデニム
コーデがサマになる

[J]+[N]
カジュアルに仕上げても
くだけて見えない！

デニム／P123 と同じ

Natural

15

ハードな印象がある服も、ナチュラルタイプの人が着ると、女性らしく見える。デニム／上と同じ　眼鏡 ¥58,000（オプティカルテーラークレイドル 青山店〈ディータ〉）　ネックレス／4 と同じ　時計・バッグ／5 と同じ　靴／私物

16

野暮ったく見えがちな、デニム×ダウンの着こなしも、ナチュラルタイプはおしゃれに仕上がるのが強み。デニム／上と同じ　ピアス ¥1,600（サンポークリエイト〈アネモネ〉）　サングラス／6 と同じ　バッグ／10 と同じ　靴／13 と同じ

chapter 05

骨格診断 × パーソナルカラー診断

ユニクロで
パーソナルスタイリング

Case studies of personal styling

私は普段、骨格診断とパーソナルカラー診断の
メソッドを生かして、お客様がなりたいイメージに
近づけるためのお手伝いをする、
パーソナルスタイリングという仕事もしています。

そこでこのチャプターでは、
実際に3人の女性の方のお悩みを聞き、
ユニクロの洋服を使って、変身していただく様子を
ご紹介したいと思います。

自分の"好き"という視点だけでなく、
"似合う"というポイントで洋服を選ぶことで、
グッと垢抜けて見えるようになる変化を
ぜひご覧ください。

みなさんが納得できる着こなしに出合うための
ヒントになることがあれば、とてもうれしく思います。

ユニクロでパーソナルスタイリング 実例1

Before!

変身するのは会社員の下田悠さん。「いつもタイトスカート×シンプルなトップスの組み合わせばかりになってしまいます。きれいめながらもマンネリ解消できるスタイルが知りたい」

- START -

ストレートに似合うレザーブルゾン

とろみブラウスよりもハリのある素材がよく似合います！

二神「着ていらっしゃる薄手で肩がレースになったブラウスは、ウェーブタイプのもの。上からストレートにぴったりのレザーブルゾンをはおった方がしっくりきませんか？」

ジャストサイズのトップスでスタイルもよりよく

ハリのある素材が似合うのがわかったところで、お着替え。二神「ストレートらしいボトルネックの細リブニットとタイトスカートを持ってきました。トップスもジャストサイズに変更」

診断結果
骨格診断：ストレート
パーソナルカラー診断：サマー

骨格診断は、実際に体に手を触れ、体の特徴を見ます。パーソナルカラー診断は、診断用のドレープ(色布)を使っておこないます。下田さんは正統派な服が似合うストレート、パステルカラーが得意なサマーでした。

靴をチェンジ！

元々履いていたのは脚の甲にストラップがあるパイソン柄のサンダル。

二神「シンプルな靴に替えただけで、ひざ下の細さが際立ちます」

Case studies of personal styling

ストレートは
髪をまとめると
よりすっきり！

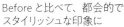

Finish!

Before と比べて、都会的で スタイリッシュな印象に

二神「仕上げに、最初に似合うことがわかったライダースをはおっていただきました。はおりものが加わると、顔周りが少し重く見えますね。ヘアをすっきりまとめましょう」

\From 二神先生/
大人の色気漂う 女性に大変身

下田さんはサマータイプなので、本来はまろやかなグラデーション配色が得意。ですが、骨格がストレートタイプなので、コントラスト配色のほうが映えると思い、赤のカットソーを合わせました。ストレートの方がストレートらしい服を着ると、このように女っぽくなります

「ネオレザージャケット」ブラック・「リブハイネックT」レッド・「ポンチペンシルスカート」ダークグレー／ユニクロ　イヤリング ¥11,000（アビステ）　バッグ ¥6,800（ザ・スーツカンパニー 銀座本店〈ディ スティル〉）　靴 ¥19,000（サン・トロペ〈セヴン・トゥエルヴ・サーティ〉）

133

- もう1体、スタイリングにチャレンジ -

実はパンツが苦手で…

ストレートシルエットのパンツならすっきり見える！

二神「下田さんがお召しなのは、ウエスト周りにタックがあり、太もも周りにゆとりのあるテーパード。ストレートシルエットのパンツに変えてみて」

ストレートはパンツが得意なはず…その理由を探ると…

「パンツをはきこなせるようになりたいのですが、いつも似合わなくて残念な感じになってしまうんです」と、下田さん。その声を聞き、パンツの形をすかさずチェック。

パンツをチェンジ！

NG　OK

太もも周りにボリュームがあることで、ストレートの持ち味である腰位置の高さが生かせていない。

ムダのないすっきり＆ストレートシルエットに替えたことで、脚もほっそり。全体のバランスも整った。

ストレートに似合うピンストライプ柄のパンツ

ストレートはウエストゴムのパンツが苦手なタイプ。このパンツはフロント部分がきれいめに仕上げられているのでOK。

Finish!

\From 二神先生/

シンプル服で
こんなに垢抜ける!

「ジャケットに、Vネックのニットに、スティックパンツと、ふつうの人が着ると地味に見えそうなほどシンプルなコーディネートがサマになるのがストレートの特徴です。"仕事ができる女性"というオーラがあふれています。似合う服をまとうことで垢抜けて見えるから生真面目になりすぎないのもいいですよね」

「イネス・ド・ラ・フレサンジュ ウールブレンドジャケット」ネイビー・「エクストラファインメリノ Vネックセーター」ネイビー・「EZY アンクルパンツ」グレー・ピンストライプ／ユニクロ　ピアス¥8,500（アビステ）　時計¥59,000（シチズンお客様時計相談室〈シチズン クロスシー〉）バッグ・靴／私物

ユニクロでパーソナルスタイリング 実例2

Before!

変身するのはスタイリストの田澤美香さん。「女らしいスタイルが苦手。パンツが似合わないので、ほぼ毎日マキシスカートです。30代になってからもっと大人っぽくしたほうがよいのか悩み中」

- START -

スプリングだから鮮やかな色が似合いますよ

スプリングタイプの肌を美しく見せるイエローやレッド

二神「ふだん鮮やかな色は着ないとおっしゃっていたのがもったいない！ 田澤さんの白い肌がより際立って見えるはず。ウェーブタイプなので、薄手のリブニットを試してみましょう」

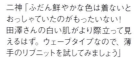

田澤「これまで赤い服は着たことがなかったので恥ずかしかったのですが、着てみると意外と平気で自分でもびっくり」

診断結果	骨格診断：ウェーブ パーソナルカラー診断：スプリング

落ち着いた色味が好きという田澤さんのパーソナルカラーは、明るく華やかな色が豊富なスプリング。骨格診断はウェーブ。ウェーブタイプは、似合うはずのフェミニンスタイルが好きではないという方が多い。

スカート丈はマキシよりも短めのふくらはぎ丈が似合う

二神「体の存在感が弱いウェーブタイプは、マキシスカートのボリュームに負けてしまいがち。ふくらはぎの途中で終わる丈にすることでバランスもよくなるし、脚もきれいに見えます」

Case studies of personal styling

足し算が得意なので
やわらかな
ファースヌードをプラス

二神「ニットを一枚で着るより、レイヤードしたり、巻物を加えてあげたりするほうがおすすめ。左はメンズライクなウールマフラー。右のようなソフトな素材のほうがしっくり」

左のストール ¥4,800〈メイデン・カンパニー〈ブロンデ バイ ムーン〉〉

Finish!

髪をおろすとかわいいですよ！

デコルテ周りはできるだけ
盛ると垢抜ける

二神「髪をおろすと、より華やかで女性らしい印象になります。もしまとめ髪のほうが好きな場合は、キラッとしたピアスなどを加えてあげるといいですよ」

\From 二神先生/
まさに"素敵なお姉さん"に
大変身！

"ウェーブあるある"の話なのですが、ウェーブタイプの方は辛口テイストが好きな方が多いんです。だから、最初はこのような女らしい格好をすることに抵抗があると思うのですが、それが食わず嫌いだということを知っていただけてもうれしいです

「ユニクロ ユー 3D エクストラファインメリノリブクルーネックセーター」レッド・「ウールブレンドフレアスカート」ベージュ・「ファータッチスヌード」ダークブラウン／ユニクロ　バッグ ¥35,000〈エス.アイ.エム〈ロベルタ ガンドルフィ〉〉　時計 ¥58,000〈シチズンお客様時計相談室〈シチズン エクシード〉〉靴・ストッキング／私物

137

- もう1体、スタイリングにチャレンジ -

💬 大人っぽくするなら、パンツもおすすめです

ウェーブタイプは、落ち感のあるやわらかな素材を選んで

二神「骨格3タイプ、それぞれに似合うパンツは異なります。やわらかく、ほんのりとした光沢感があるこのパンツは、とてもお似合いになると思います」

骨格別、似合うパンツ例

for ウェーブ / for ストレート / for ナチュラル

左:「ハナ タジマ サテン ワイドアンクルパンツ」グレー・中:「EZY アンクルパンツ」グレー・ピンストライプ・右:「J.W. アンダーソン ハイライズストレートジーンズ」ブルー／ユニクロ

ウエストをマークするとバランスもよくなる!

二神「ストレート向きのハリのあるパンツでは、固い素材感が体から浮いて見えますし、ナチュラル向きのカジュアルなパンツでは、作業着風に見えてしまいます」

カーディガンをかけ、顔周りを華やかに盛り上げて

二神「前ページのときもそうでしたが、ウェーブタイプはトップス一枚だけを着るよりは、なにかを加えるほうが素敵。カーディガンを肩にかけるだけでも変わります」

コーディネートが完成したらバッグの大きさも見極め

二神「似合うバッグの大きさも骨格タイプによって決まっています。最初は『本当?』と思われる方も多いのですが、実際に持ち比べていただくと納得していただけます。小さいバッグを持った右ページのほうが断然、垢抜けて見えると思いませんか?」

Case studies of personal styling

Finish!

\From 二神先生/
辛口好きのウェーブに
似合う大人っぽい装い

骨格診断がウェーブ、パーソナルカラー診断がスプリングという組み合わせは、甘い印象をもたれる方も多いと思いますが、こんなにシックな着こなしも可能です。特に、ウェーブタイプには甘口の服しかないという誤解が多いです。素材のやわらかささえ守れば、自由に楽しめることをお伝えしたいです

「エクストラファインメリノクルーネックカーディガン」ブラウン・「エクストラファインメリノクルーネックセーター」ブラウン・「ハナ タジマ サテンワイドアンクルパンツ」グレー／ユニクロ イヤリング ¥5,445（アビステ） 時計 ¥58,000（シチズン お客様時計相談室〈シチズン エクシード〉） バッグ・靴／私物

139

ユニクロでパーソナルスタイリング 実例3

Before!

変身するのは、会社員の篠原菜月さん。「身長が165cmあるため、ほっそり見えるようにいつも細身の服を着るようにしています。コンサバ感のある着こなしが好みです」

- START -

ナチュラルタイプはゆとりのあるサイズを

NG　OK

あえていつもよりサイズを上げるだけでグッと垢抜けて見える！

二神「普段は選ばないであろう、Lサイズのジャケットをはおっていただきました。どちらも同じ色、同じネイビーですが、サイズ感だけでここまで変わって見えます」

| 診断結果 | 骨格診断：ナチュラル
パーソナルカラー診断：ウインター |

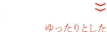

ゆったりとしたボトムがいいですよ

体つきは細い篠原さんですが、骨格はしっかりとしている、わかりやすいナチュラルタイプ。パーソナルカラーは、はっきりとした強い色が似合う、ウインタータイプでした。

二神「細身パンツやタイトスカートなどが好みと伺いましたが、ゆったりとしたボトムをかっこよく着こなせるタイプですよ。ワイドパンツや長め丈のタイトスカートも似合います」

Case studies of personal styling

靴をチェンジ！

ピンストライプの
セットアップでマニッシュに

二神「体にピタピタと沿わないサイズ感のジャケットと長め丈のタイトスカートを着ていただきました。足元はメンズライクなタッセルつきのローファーでこなれ感を加えます」

\ From 二神先生 /
着丈とサイズの選びで
ここまで変われる！

「身につけているアイテムだけを見ると、この着こなしも、Beforeの着こなしも、シンプルなアイテム。ですが、着丈やサイズ感を骨格タイプに合うものに見直すだけで、おしゃれに垢抜けました。無造作ヘアにしたことで、素敵さがより際立ちますね

「イネス・ド・ラ・フレサンジュ ソフトツイードジャケット」ネイビー・「イネス・ド・ラ・フレサンジュ ソフトツイードタイトスカート」ネイビー・「ユニクロ ユー クルーネック T」[メンズ]ホワイト／ユニクロ　ピアス ¥1,800〈サンポークリエイト〈アネモネ〉〉　バングル ¥7,250〈アビステ〉　バッグ ¥22,000〈エス．アイ．エム〈カヴァリエール〉〉　靴／私物

Finish!

141

- もう1体、スタイリングにチャレンジ -

「ウインターは黒が得意ですよ」

黒を大きな面積で使っても暗く見えないのはウインターの特権

二神「篠原さんはウインターなので、原色のようなパキッとした色が得意です。パーソナルカラー4タイプの中でもいちばん黒が得意なのがウインター。ぜひ試してみませんか?」

「ストールをはおれば、お出かけスタイル!」

ナチュラルの骨感を隠してエレガントに

二神「ナチュラルタイプはカジュアルな服ばかり…というイメージをもたれている方が多いと思いますが、女性らしい着こなしもできますよ」

二神「黒を大きな面積で使っても、負けて見えません。骨格がナチュラルなので、ゆとりのあるニットワンピースを選んでみました」

パンプスなら太ヒールを選んで

二神「ナチュラルタイプは、アキレス腱がしっかりしている方も多いので、太ヒールを履くことで、脚がほっそり見えます」

Case studies of personal styling

Finish!

\ From 二神先生 /

**スタイリッシュな
大人の女性に**

ニットワンピースにマニッシュなツイードジャケットをはおって仕上げました。Beforeのほうが身につけているアイテム自体はかっちりしているのですが、こちらのほうがきちんとした印象に見えませんか？ 全身をモノトーンでまとめても、まったく地味に見えないのはウインターならではのメリットです

「イネス・ド・ラ・フレサンジュ ソフトツイードジャケット」オフホワイト・「3D メリノモックネックワンピース」ブラック／ユニクロ　ピアス ¥3,889（アビステ）　眼鏡 ¥58,000（オプティカルテーラー クレイドル 青山店〈ディータ〉）バッグ ¥31,000（エス.アイ.エム〈リバーニ〉）　靴／私物

\ 教えて！二神先生 /
骨格&パーソナルカラーのお悩み Q&A

骨格診断やパーソナルカラー診断で、よく聞かれる悩みや疑問について、
二神先生に教えていただきました！

foe
Straight
- 骨格タイプ -

Q.1 骨格タイプが「ストレート」だけど、甘い服が好きなんです

「ハナ タジマ フレアロングスカート」ピンク／ユニクロ

A.1 ハリのある素材を選べば、フェミニンな形や色を楽しめます

素材さえ守れば、自由に楽しめます。たとえば、好例は左のスカート。P161の表を見るとわかるように、本来フレア型は苦手なアイテムですが、ストレートが得意なハリ素材を選べば、うまく着こなせますよ！

Q.2 いつもかちっと見える服じゃなきゃいけないんですか？

A.2 ボディラインがわかるシンプルな服を着ると女っぽく見えます

「ポンチペンシルスカート」ブラック／ユニクロ

ストレートに似合うアイテムだけを見ると、まじめそうな服が多いかもしれません。ですが、実際に着てみると、女性らしく見えるのでぜひ試してみてください。右のような、ストレートらしいグラマラスなボディラインが出る服なら、より女度が上がります。

Q.3 「ストレート」がいちばん避けたほうがよいアイテムは？

A.3 チュニックブラウスです

ふつうのトップスより長めの丈で、Aラインに広がるチュニック。バスト位置やヒップラインが高く、立体的なストレートの体を魅力をすべて覆ってしまいます。体も大きく見えるのでおすすめしません。

Case studies of personal styling

foe Wave
- 骨格タイプ -

Q.4 骨格タイプが「ウェーブ」だけど、辛口にしたい！

A.4 やわらかな素材＆辛口なデザインを探してみてください

たとえば、ハンサムなジャケットを着たいとき。デザインにハンサムさはあってもいいのですが、ポンチ素材や薄手の素材にすることで解決できます。少し物足りないかもと思ったときは、アクセサリーでキラキラ感を加えてみてください。

Q.5 「ウェーブ」がカジュアルな服を着るときのコツは？

A.5 仕上げに小物で盛って、華やかにすることです

ウェーブの方に似合うファー素材を加えたり、キラキラと輝くバッグを加えたり、足し算が必須です。もちろん、アクセサリーを重ねづけするのもおすすめ。ロングヘアの方なら、髪の毛をおろすだけでも華やかに見違えますよ。

ファーティペット ¥39,000（ティースクエア プレスルーム〈コンピレーション〉）　バッグ ¥12,000（アルアバイル〈ルル・ウィルビー〉）

Q.6 「ウェーブ」がいちばん避けたほうがよいアイテムは？

A.6 Tシャツ×デニムの組み合わせです

ウェーブの方は、"シンプルシック"な着こなしが寂しく見えてしまうタイプ。カジュアル感も得意ではないので、Tシャツ×デニムだけをシンプルにそのまま着るのはやめましょう。繰り返しになりますが、足し算をすればOKです。

［ユニクロ ユー クルーネックT］
［メンズ］ホワイト／ユニクロ

145

foe *Natural*
- 骨格タイプ -

Q.7 骨格タイプ「ナチュラル」は、カジュアルしか似合わないんですか？

A.7 マニッシュな服を着れば、かっちり見せることもできます

ナチュラルタイプはカジュアルな服しか着られないという思い込みがあるようですが、マニッシュなアイテムを活用することで、ビジネスシーンにぴったりなスタイルも叶います。ワイドパンツのスーツもかっこよくキマるし、旬の長め丈スカートのセットアップもいいですね。大事なのは、サイズ感にゆとりをもたせることです。

左から：「イネス・ド・ラ・フレサンジュ ソフトツイードパンツ」ネイビー・「イネス・ド・ラ・フレサンジュ ソフトツイードジャケット」ネイビー・「イネス・ド・ラ・フレサンジュ ソフトツイードタイトスカート」ネイビー／ユニクロ

Q.8 「ナチュラル」だけど、かわいい服が好みです。

A.8 ゆったりとしたロングワンピースがぴったりです

丈が長くて、シルエットがゆったりとしたワンピースを着ると、かわいらしい印象になります。またティアードスカートもおすすめ。フリルを重ねたティアードではなく、右のイラストのような、ギャザーで横に段々に絞りをつくったティアードスカートはよく似合いますよ。

Q.9 「ナチュラル」がいちばん避けたほうがよいアイテムは？

A.9 ミニスカートです

ナチュラルタイプは、丈の長いものが得意。そして、肌の露出を減らすほうが垢抜けて見えます。ですので、ミニスカートはあまりおすすめできません。

「ウールブレンドミニスカート」
ダークグレー／ユニクロ

Case studies of personal styling

about Personal Color

Q.10 好きな色と似合う色が違うんです…

A.10 色は美容効果に大きく影響するので、顔周りは似合う色に！

パーソナルカラーは、主に肌映りに作用し、肌がきれいに見えるなど美容効果に影響を及ぼすものです。ですので、トップスや巻物は似合う色を身につけることをおすすめしています。ただ、私が強くお伝えしたいのは、自分のパーソナルカラータイプの色しか着てはいけないのではないということ。パーソナルカラーを知ったばかりに、その制限にとらわれ、反対にダサくなってしまう人も実際にいます。自分に似合わない色をしっかりと押さえて、"似合わない色だけを避ける"ことがファッション上手への近道です。

Q.11 イエローベースとブルーベースをミックスしたコーディネートをしてもいいんですか？

A.11 人をきれいに見せてくれるという視点でいうと、ミックスしないことおすすめします

確かに、あえてベースカラーをミックスすることで、こなれて見えておしゃれに感じるコーディネートも存在します。ですが、大事なのは、それを着たときに、その方がきれいに見えるかどうかということ。やはり、似合うベースカラーでまとめたコーディネートのほうが肌と調和し、その結果、"おしゃれな人"になれると思っています。

Q.12 黒は「ウインター」タイプ以外着たらダメですか？

A.12 着られないと不便なので、工夫して着ましょう！

パーソナルカラーの理論上は、黒はウインターに属する色ですが、「黒を着たらダメ」と言われても、毎日のコーディネートで黒を避けるというのは難しいこと。顔から離して使う、骨格タイプに合った素材やデザインのものを選ぶなど工夫すれば着ることができます。

column

ユニクロで
メンズアイテム が
似合うのはナチュラルだけ？

ユニクロは、女性がメンズアイテムを着るのも楽しみのひとつですよね。そこで、骨格診断という視点で考えると、メンズの服はどのタイプがいちばんかっこよく着こなせるかを検証してみました。すると、似合うのは、<u>大きめのサイズが得意な「ナチュラル」</u>タイプだけという結果に！

さらに、ナチュラルタイプの方に、レディースのLサイズと、メンズのSサイズを着比べてもらうという検証もしてみたところ、<u>メンズのSサイズの方がお似合い</u>だったのです。ナチュラルタイプの方は、ぜひ積極的にメンズのアイテムをチェックされてみてはいかがでしょうか？

Case studies of personal styling

{ メンズのユニクロ ユー クルーネックTを
3タイプで着比べ }

Straight
ストレート

体が泳ぐサイズのメンズTシャツを着ると、だらしない印象に見えてしまいます。ジャストサイズがベストです。

Wave
ウェーブ

メンズのラフな素材感や大きなシルエットが苦手なウェーブ。体操服を着ているように見え、おしゃれに映りにくいです。

Natural
ナチュラル

しっかりとした体のフレームがあり、肉感的ではないので、メンズのTシャツをかっこよく着こなすことができます。

［ユニクロ ユー クルーネックT］
［メンズ］ホワイト／ユニクロ

149

chapter 06

ユニクロをもっと垢抜けて見せる、着こなしテクニック

似合う色やアイテムを身につけるだけで、
美しく、おしゃれに見えるのですが、それをさらに垢抜けた
印象に導くのは、"着こなし方"になります。

シャツやTシャツのそでのあしらい方、
レイヤードをするときのコツなど、ちょっとしたひと工夫で
格段におしゃれ指数を上げるテクニックを、
各骨格タイプ別にご紹介します。

このテクニックは、ふだんファッション雑誌などで
お仕事をされているスタイリストさんや
ファッションエディターさんにヒントをいただいた
実際におしゃれの現場で使われているものです。
ぜひ参考にしていただけるとうれしいです。

Straight ストレートがおしゃれ

骨格ストレートタイプが得意なシャツを使い、きれいめな

Technique
01

こなれて見える
そでの折り返し方

似合うアイテムに、ベーシックな服が多いストレートタイプだからこそ、着こなし方で今っぽさを意識しましょう。

How to

そでのカフスの部分を大きく一度折り返す。

↓

手首側のそでを2回折り返す。そのときに、カフスの部分にはかぶらないように注意。

↓

カフスの端を少し折り返し、動きをつければ完成！

「エスクトラファインコットンストライプシャツ」ワイン・「EZY アンクルパンツ」ワイン／ユニクロ　イヤリング ¥6,806（アビステ）

STYLING TECHNIQUE

に垢抜ける 着こなしテクニック3

シーンとカジュアルなシーンで使えるテクニックを紹介します。

Technique 02

ジャケットのそでは、シャツと一緒に折って軽やかに

ジャケットのそでをたくし上げるときに、インに着ているシャツのそでも一緒に折り返すと、全身がバランスアップして見えます。ストレートは七分そでが苦手ですが、長そでを折り返して短くなるのはOKです。

Technique 03

シャツをカジュアルに着るならボトルネックトップスをレイヤード

シャツはきちんとスタイルだけでなく、カジュアルな日にも使えるとうれしいですよね。そんなときは、ボトルネックのトップスをインに着てみて。

全身はこう！

「イネス・ド・ラ・フレサンジュ ウールブレンドジャケット」ネイビー・「エクストラファインコットンシャツ」ホワイト・「チェックナロースカート」グレー／ユニクロ　靴¥14,000（ダイアナ 銀座本店〈ダイアナ〉）イヤリング¥1,700（サンポークリエイト〈アネモネ〉）　眼鏡¥48,000（オプティカルテーラー クレイドル 青山店〈ディータ〉）

「エクストラファインコットンシャツ」ホワイト・「リブハイネックT」ダークグレー／ユニクロ　時計¥220,000（シチズンお客様時計相談室〈ザ シチズン〉）　バングル¥1,600（サンポークリエイト〈アネモネ〉）

153

Wave ウェーブがおしゃれに

骨格ウェーブタイプの重心を上げ、物足りなく見えるのを

Technique 01

NG / OK

スカートのウエスト位置を上げるだけで、バランスアップ

ウエストゴムで自由に上げ下げが利くスカートの場合、ジャストウエストではくと胴長に…。

スカートをハイウエスト位置ではくだけで、すらりと脚長に。スタイルもよく見えます。

「エクストラファインメリノクルーネックセーター」ブラウン・「クレーププリーツスカート」ホワイト／ユニクロ　時計 ¥25,000（シチズンお客様時計相談室〈シチズン キー〉）　靴／私物

STYLING TECHNIQUE

垢抜ける着こなしテクニック3

回避するテクニックを紹介します。

Technique 02
Tシャツのそでを折り返して女らしく攻略

ビッグシルエットのTシャツは、服に着られている感じに見えてしまいがち。そでを折って肌の露出を増やすだけで、似合うようになります。

「クロップドクルーネックT」レッド・「ポンチスティックスリムパンツ」ダークグレー／ユニクロ　眼鏡 ¥33,000(オプティカルテーラー クレイドル 青山店〈アイヴァン〉)　ネックレス ¥1,600(サンポークリエイト〈アネモネ〉)

Technique 03
着こなしが寂しいときの助っ人、カーディガンは巻き方で差をつけて

How to

ボタンをすべて外して、アシメトリーに巻くとおしゃれに見えます。肩に乗せるとき、左右均等にならないようにするのがコツ。

「エクストラファインメリノクルーネックカーディガン」ブラウン・「スーピマコットンリブクルーネックT」ホワイト／ユニクロ　パンツ／私物

155

Natural ナチュラルがおしゃれ

骨格ナチュラルタイプが得意なこなれ感のある着こなし。

Technique 02

タートルネックのニットは、Vネックトップスとレイヤード

タートルネックニットは、ナチュラルタイプにおすすめのアイテム。得意のレイヤードでよりおしゃれに。

「ユニクロ ユー ポンチVネックプルオーバー」ブラック・「エクストラファインメリノリブタートルネックセーター」グレー／ユニクロ　ピアス ¥1,600（サンポークリエイト〈アネモネ〉）

Technique 01

ビッグシルエットのニットのすそは前だけインしてすっきり

ドロップショルダーのゆるニットはよく似合いますが、フロントをタックインすることできれいめな仕上がりになります。

「プレミアムラムハイネックチュニック」グリーン・「コットンテーパードアンクルパンツ」ホワイト／ユニクロ　ピアス ¥1,800（サンポークリエイト〈アネモネ〉）

STYLING TECHNIQUE

に垢抜ける着こなしテクニック3

より今っぽく見えるテクニックを紹介します。

Technique 03

首元、すそから白Tシャツをのぞかせて抜け感をつくる

ニット一枚で着るより、コーディネートに奥行きが生まれて、洗練された装いが完成します。

「コットンカシミヤケーブルボートネックセーター」ライトグレー・「ユニクロ ユー クルーネックT」[メンズ] ホワイト・「J.W. アンダーソン ハイライズストレートジーンズ」ブルー／ユニクロ　ピアス¥1,600・ブレスレット¥2,800（サンポークリエイト〈アネモネ〉）

骨格タイプ別、ストールの選び方

for
Straight

適度な厚みのある上質素材のストールをコンパクトに巻く

透けない厚みがある、かといって分厚すぎない生地を選びましょう。首元にボリュームをもたせすぎると詰まって見えるので、すっきり巻くのがおすすめです。

「エクストラファインメリノVネックセーター」ネイビー・「ドライストレッチクロップドパンツ」ホワイト/ユニクロ　ストール ¥4,800（メイデン・カンパニー〈ブロンテ バイ ムーン〉）

STYLING TECHNIQUE

と巻き方

秋冬のマストアイテムであるストールも、骨格タイプがわかっていれば、自分に似合う一枚わかります。また、骨格タイプ別に似合う巻き方も紹介します。

foe Wave

透けるほど薄くて繊細なストールを、グルグル巻く

ゴワゴワした素材が苦手なので、薄手で肌当たりのよいストールを選びましょう。顔周りを華やかに見せたいので、ボリュームを出して巻いてOKです。

「ユニクロ ユー 3D エクストラファインメリノリブクルーネックセーター」ホワイト／ユニクロ　ストール／私物

foe Natural

大判でボリュームのあるストールをラフに巻く

長いもの、ゆったりしたものが得意なので、ストールもよく似合います。きれいに巻こうとするのではなく、バサッと巻くだけでサマになります。

「3D メリノモックネックワンピース」ブラック／ユニクロ　ストール／私物

159

ストレート・ウェーブ・ナチュラル 骨格タイプ別、

似合う着丈、シルエット、ネックライン、デザインがひと目でわかる表をつくりま

ボトム丈	ストレート	ウェーブ	ナチュラル
ミニ	✕ 膝上を隠したほうが着やせする	◯ 重心が上がって見える	✕ 垢抜けない印象に見える
ひざ丈	◯ ひざが小さくきれい	△ ひざ下が湾曲気味の人が多い	△ 肌の露出は少ないほうがよい
ひざ下	△ ふくらはぎより上の丈を	◯ 脚がほっそり見える	◯ より長めがおすすめ
ふくらはぎ丈	✕ メリハリのある脚をいかせない	● 重くない素材を選ぶ	◯ 長い丈が得意
アンクル丈	◯ 中途半端丈よりもよい	△ ウエスト位置が高いものを	◯ 下重心になるのが得意

アイテム選びのヒント

した。アイテムを選ぶときの参考にしてください。

○＝似合う
●＝条件はあるが似合う
△＝特におすすめではないが取り入れてもOK
×＝苦手

スカートのシルエット	ストレート	ウェーブ	ナチュラル
台形	× 着ぶくれして見える	○ Aラインが得意	× Aライン＆ミニ丈が苦手
フレア	× ひらりとする素材が苦手	○ ひらりとする素材が得意	● 着丈と生地の厚みが必要
プリーツ	× 着ぶくれして見える	○ プリーツ幅細めがよい	△ プリーツ幅太め＆長めを
ティアード	× 体の厚みが増して見える	○ フェミニンなアイテムが得意	× ギャザータイプは得意（P146参照）
タイト	○ ポケットやギャザーなし	○ フィット感のあるタイプを	○ ポケットやボタンつきもOK

パンツのシルエット	ストレート	ウェーブ	ナチュラル
クロップド	× 太もものハリが目立つ	○ 重心が上がって見える	● ロールアップでくるぶし丈になるものを
スリム	× ムッチリして見える	○ 細身シルエットが得意	× 骨っぽさが出てしまう
ストレート	○ センタープレス入りを	△ やわらかな素材を選んで	○ 厚手の素材が似合う
ショートパンツ	× 太ももは隠したい	○ 短い丈は得意	× 短い丈はアンバランスに見える
ハーフパンツ	○ きれいなひざ下が強調	× 直線的なラインが苦手	× もっと長いほうが似合う

骨格タイプ別、アイテム選びのヒント

		ストレート	ウェーブ	ナチュラル
ワイドパンツ		◯ きれいめで太すぎないものを	✕ 重く見えてしまう	◯ 太いシルエットが得意
カーゴパンツ		△ ポケットが目立たないものを	✕ カジュアルすぎる	◯ メンズライクがマッチ

ワンピースのシルエット		ストレート	ウェーブ	ナチュラル
Iライン		◯ Vネックがおすすめ	◯ フィット感のあるものを	◯ フィットしすぎていないものを
Aライン		✕ メリハリのある体が隠れてしまう	◯ 着丈は短めがおすすめ	◯ ドレープ入りが似合う
コクーンライン		✕ 体が大きく見える	✕ ウエストマークが必要	◯ ゆったり感で女らしく

ネックライン	ストレート	ウェーブ	ナチュラル
クルーネック	● ネックが詰まりすぎていないもの	○ 鎖骨が少し見える開きがよい	○ 肌の露出が少ないほうが似合う
Vネック	○ 縦に深いVでよりすっきり	△ 浅めで横に広いVライン	△ 浅めで横にも狭いVライン
Uネック	○ 縦に深く開いているものを	△ 開きが深いと間延びして見える	△ 骨感をカバーできる浅めの開きを
スクエアネック	○ 直線的な開きが似合う	○ 横に広い開きは得意	△ 骨感をカバーできる浅めの開きを
ボートネック	● 縦方向にも開きがあるものを	○ 鎖骨が見えるものがおすすめ	○ 鎖骨が見えない浅めのものを
タートルネック	△ ハイゲージならOK	× バスト位置が低いので間のびする	○ カジュアル感があるので似合う
ボトルネック	○ タートルよりきちんと感があるからOK	× 鎖骨を隠さないほうが得意	△ ざっくりとしたローゲージを
オフタートルネック	× 胸元の厚みが増して見える	○ 顔周りが華やかに	○ リラックス感のあるデザインがマッチ
オフショルダー	× 肩を出すと着ぶくれして見える	○ 肩を出すとすっきり見える	△ 鎖骨が華奢な方はOK

骨格タイプ別、アイテム選びのヒント

そで丈&デザイン	ストレート	ウェーブ	ナチュラル
ノースリーブ	△ 中途半端なそで丈よりはよい	◯ 二の腕の外側がすっきりしている	△ 肌を出さないほうが女らしい
アメリカンスリーブ	× 二の腕と肩を出すと太って見える	◯ 二の腕と肩を出すとほっそり見える	× 鎖骨や肩周りの骨っぽさが目立つ
フレンチスリーブ	× 二の腕のハリが悪目立ちする	◯ 二の腕の外側がすっきりしている	× 女らしいデザインが苦手
半そで	◯ 短すぎない半そでがよい	△ 短めの半そでがよい	◯ カジュアルなテイストが似合う
7分そで	× メリハリのある腕の太いところで切れる	◯ 中途半端な丈を着るとすっきり見える	× 寸足らずを着ているように見える
長そで	◯ ベーシックな長さが似合う	△ 重心が下がって見える	◯ 長いものが得意
パフスリーブ	× 二の腕や肩のボリュームが目立つ	◯ フェミニンなテイストが得意	× フェミニンなテイストが苦手
ドルマンスリーブ	× 着ぶくれして見える	× ブカブカな服を着ているように見える	◯ 肩のフレームできれいに着られる
ベルスリーブ	× フェスティバル風に見えてしまう	◯ 広がりが大きすぎないものを	◯ 広がりが大きくゆったりしたものを

conclusion

この本の企画案をいただいたとき、最初の感想は
「おもしろそう！ だけど実際にできるかな…」
期待と不安が入り混じる思いでスタートしました。

というのも、私自身、毎月のようにファッション誌の企画で「骨格診断」や
「パーソナルカラー診断」の監修をしていますが、
「骨格」や「カラー」の決まりという制限がかかった中で、
おしゃれなコーディネートを組むのは
なかなかのスタイリストさん泣かせだからです。
そこに、今回は「ぜんぶユニクロ！」の洋服という
さらなる制限が加わるわけなので、決まりにしっかりと沿った
コーディネートができるものなのか、正直不安な気持ちが大きかったのです。

でも今回、実際にやってみたら…
「ぜんぶユニクロ！」の洋服でできたんです！

---

shop list

- ADINA MUSE SHIBUYA ☎ 03-5458-8855
- ANAYI ☎ 03-5739-3032
- アビステ ☎ 03-3401-7124
- アルアバイル ☎ 03-5739-3423
- エス.アイ.エム ☎ 03-5468-3866
- L.L.Bean カスタマーサービスセンター ☎ 0422-79-5911
- オプティカルテーラー クレイドル 青山店 ☎ 03-6418-0577
- キャセリーニ ☎ 03-3475-0225
- 銀座かねまつ6丁目本店 ☎ 03-3573-0077
- ゲストリスト ☎ 03-6869-6670
- SAZABY ☎ 0800-300-3301
- ザ・スーツカンパニー 銀座本店 ☎ 03-3562-7637
- サン・トロペ ☎ 03-5603-1381
- サンポークリエイト ☎ 082-243-4070
- シチズンお客様時計相談室 ☎ 0120-78-4807
- センゾー トーキョー ☎ 03-3866-2253

骨格3タイプ、パーソナルカラー4タイプぜんぶに対応できたんです!
「骨格診断」のメソッドを考え出し、「骨格診断」と
「パーソナルカラー診断」を23年間教えてきた私自身がいちばん驚き、
そして、このメソッドはすごいと改めて感じる貴重な機会となりました。
そして、本来の自分の魅力に出合える最強のメソッドを、
より多くの方に伝えていきたいと気持ちを強くしました。

そしていつか、多くのみなさんが「骨格診断」と
「パーソナルカラー診断」を味方につければ、
ファッションがサスティナビリティにつながるときが来ると信じています。
「ただ流行しているものを着ればいい」より、
「自分に似合って、素敵に見える」ほうを重視する世の中になれば、
無駄がなくなって、ファッションとは無関係そうに見える
環境問題にだってよい影響を与えることができるはずなのです。

二神弓子

- ダイアナ 銀座本店 ☎ 03-3573-4005
- ティースクエア プレスルーム ☎ 03-5770-7068
- フラッパーズ ☎ 03-5456-6866
- 真下商事 ☎ 03-6412-7081
- メイデン・カンパニー ☎ 03-5410-9777
- リーミルズ エージェンシー ☎ 03-5784-1238
- 凛 ☎ 03-3407-3488
- レイジースーザン 新宿ミロード店 ☎ 03-3349-5629

※本書に記載の情報は、2018年11月時点のものです。商品やブランド、価格、店舗についての情報は変更になる場合があります。

※ユニクロのアイテム、並びにこのページに記載のないブランドのアイテムにつきましては、すべて私物です。現在購入できない場合がございますので、ご了承ください。また、各ブランドへのお問い合わせをお控えいただきますよう、お願いいたします。

著者紹介

二神弓子　[ふたかみ・ゆみこ]

株式会社アイシービー代表取締役社長。一般社団法人骨格診断ファッションアナリスト認定協会代表理事。国際カラーデザイン協会パーソナルスタイリスト事業企画委員長。イメージコンサルタントとして20年間で約13,000人の指導実績をもつ。主な著書に『骨格診断×パーソナルカラー　本当に似合う服に出会える魔法のルール』『骨格診断×パーソナルカラー　賢い服選び』（西東社）などがある。

staff list

人物撮影	羽田 徹（biswa.）	モデル	木庭弥生
静物撮影	小林美菜子	撮影協力	下田 悠、篠原菜月
スタイリスト	田澤美香	デザイン	小椋由佳
ヘア＆メイク	yumi*	構成	高橋香奈子
イラスト	Takako		

本書の内容に関するお問い合わせは、書名、発行年月日、該当ページを明記の上、書面、FAX、お問い合わせフォームにて、当社編集部宛にお送りください。電話によるお問い合わせはお受けしておりません。
また、本書の範囲を超えるご質問等にもお答えできませんので、あらかじめご了承ください。
　　FAX：03-3831-0902
　　お問い合わせフォーム：http://www.shin-sei.co.jp/np/contact-form3.html

落丁・乱丁のあった場合は、送料当社負担でお取替えいたします。当社営業部宛にお送りください。
本書の複写、複製を希望される場合は、そのつど事前に、出版者著作権管理機構（電話：03-3513-6969、FAX：03-3513-6979、e-mail：info@jcopy.or.jp）の許諾を得てください。
JCOPY ＜出版者著作権管理機構 委託出版物＞

骨格診断×パーソナルカラー
「ぜんぶユニクロ！」で垢抜ける、着こなしのルール

2018年12月15日　初版発行

著　　者　　二　神　弓　子
発　行　者　　富　永　靖　弘
印　刷　所　　慶昌堂印刷株式会社

発行所　東京都台東区　株式　新星出版社
　　　　台東2丁目24　会社
　　　　〒110-0016　☎03(3831)0743

Ⓒ Yumiko Futakami　　　　　　Printed in Japan

ISBN978-4-405-09365-2